Kuchen & Torten

Kuchen & Torten

Teilchen

Kuchen

Obst

Torten

Das große Plus

Welche Speise gibt es im Himmel?
Die schönste Antwort der Welt darauf
stammt von Ludwig Thoma.

Wir zitieren mal: »Alois Hingerl, Nr. 172, Dienstmann in München, besorgte einen Auftrag mit solcher Hast, dass er vom Schlage gerührt zu Boden fiel und starb. Zwei Engel zogen ihn mit vieler Mühe in den Himmel, wo er von St. Petrus aufgenommen wurde. Der Apostel gab ihm eine Harfe und machte ihn mit der himmlischen Hausordnung bekannt. Von acht Uhr früh bis zwölf Uhr mittags ›frohlocken‹, und von zwölf Uhr mittags bis acht Uhr abends ›Hosianna singen‹. – ›Ja, wann kriagt ma nacha was z'trink'n?‹ fragte Alois. – ›Sie werden Ihr Manna schon bekommen‹, sagte Petrus. ›Auweh!‹, dachte der neue Engel Aloisius, ›dös werd schö fad!‹.«

Worauf das Unglück seinen Lauf nimmt, wie jeder weiß, der schon einmal über »Der Münchner im Himmel« Tränen gelacht hat.

Dabei dürfte Manna gar nicht so schlecht schmecken, und fad schon gar nicht. Vermutlich handelte es sich beim berühmten alttestamentarischen Manna um ein Gebäck, gesüßt mit Honigtau. Eine der frühesten Formen des Kuchens also. Die Israeliten waren jedenfalls begeistert: Laut Exodus 16,14 soll es »fein wie Reif« gewesen sein und »knusprig«. Woraus wir erstens lernen: Im Himmel gibt es sehr guten Kuchen! Und zweitens lernen: Nicht schimpfen, probieren! Und damit Sie das sofort tun können, haben wir hier ein paar irdische Rezepte. Welche wir, um dem Vorwurf der Fadheit zu begegnen, abwechslungsreich gestaltet haben: Sie finden knusprige Teilchen, saftige Kuchen, erfrischende Obstschnitten und herrlich sahnige Torten! Da ist es nicht zu viel verlangt, dass Sie frohlocken, oder?

Teilchen

Es gibt sie wieder, die guten alten Kaffeekränzchen. Mit
zartem Geschirr, Silberkännchen, süßen Servietten und
diesen wunderbaren kleinen Kuchen für Großmutters
Etagere: Greifen Sie zu!

Kokostörtchen

Blätterteig | preiswert

8	**Stück**
	Zubereitungszeit 50 Min.
	Backzeit 30 Min.
Pro Stück	**ca. 255 kcal, E 3 g, F 18 g, KH 20 g**

2 Platten	TK-Blätterteig à 75 g
	Mehl zum Arbeiten
250 g	Kokosmilch (aus der Dose)
250 g	Sahne
2	Eigelbe
1 Päckchen	Sahnepuddingpulver
75 g	brauner Rohrzucker
2–3 TL	Kokosraspel
	Puderzucker zum Bestäuben

• Die Blätterteigplatten auftauen lassen und jede Platte auf wenig Mehl zu einem Quadrat von etwa 20 cm Seitenlänge ausrollen. Jede Platte in vier Quadrate von 10 cm Seitenlänge schneiden.

• Den Backofen auf 200° (Umluft 180°, Gas Stufe 4) vorheizen. Mit jedem Teigquadrat je eine Mulde einer Muffinform (z. B. 12 Mulden à etwa 125 ml Inhalt) auskleiden. Überstehende Teigränder abschneiden. Die eventuell restlichen Mulden einfach frei lassen.

• Kokosmilch und Sahne verrühren. 8 EL davon mit Eigelben und Puddingpulver glatt rühren. Restliche Milchmischung und 50 g Zucker aufkochen lassen. Das Puddingpulver unter Rühren hineingießen und nochmals aufkochen lassen.

• Den Kokospudding etwas abkühlen lassen und auf den Blätterteig in die Teigförmchen füllen. Mit Kokosraspeln und restlichem braunen Zucker bestreuen. Die Törtchen im vorgeheizten Backofen etwa 30 Min. backen.

• Fertige Törtchen abkühlen lassen und vorsichtig aus den Förmchen nehmen. Mit Puderzucker bestäuben und servieren.

Klassiker

Waffeln

Überraschungsbesuch, Backofen kaputt, keine Zeit? Das ist alles kein Problem, wenn ein Waffeleisen im Haus ist. Dann können sogar aus Waffeln Kirsch-, Erdbeer-, Mokka- und Schokoladentorten werden.

8	**Stück**
	Zubereitungszeit 45 Min.
Pro Stück	**ca. 350 kcal, E 7 g, F 21 g, KH 35 g**

125 g	weiche Butter oder Margarine
80 g	Zucker
	Salz
1 Päckchen	Vanillezucker
3	Eier
250 g	Mehl
1 TL	Backpulver
150 g	flüssige saure Sahne
	Fett für das Waffeleisen
	Puderzucker zum Bestäuben

• Fett, Zucker, 1 Prise Salz und Vanillezucker mit den Quirlen des Handrührers cremig schlagen. Die Eier nach und nach dazugeben.

• Mehl und Backpulver mischen und unterrühren. Die Sahne dazugießen und alles zu einem glatten Teig verrühren. Der Teig sollte fest sein und schwer reißend vom Löffel fallen.

• Das Waffeleisen einfetten und erhitzen. Jeweils etwa 1–2 EL Teig in das Waffeleisen geben (Step 1) und etwa 3–4 Min. goldbraun backen.

• Waffeln herausnehmen (Step 2) und auf einem Kuchengitter abkühlen lassen (Step 3). Nicht übereinanderlegen, sonst werden die Waffeln weich. Die abgekühlten Waffeln mit Puderzucker bestäuben und servieren.

Dazu Kirschkompott, frische Beeren und geschlagene Sahne (eventuell aromatisiert mit Espresso-Pulver, Kakao oder Vanillemark)

Tipp

Beschichtete Waffeleisen müssen nicht unbedingt eingefettet werden.

1

2

3

Eberswalder Spritzkuchen

Brandteig | einfach

10	**Stück**
	Zubereitungszeit 1 Std.
Pro Stück	**ca. 230 kcal, E 5 g, F 12 g, KH 26 g**

50 g	Butter oder Margarine
	Salz
150 g	Mehl
4	Eier
	Fett zum Ausbacken
150 g	Puderzucker
etwa 2 EL	Zitronensaft

• Für den Brandteig ¼ l Wasser, Fett und 1 Prise Salz in einem weiten Topf aufkochen lassen. Das Mehl unter Rühren auf einmal dazugeben und so lange weiterrühren, bis sich der Teig als Kloß vom Topfboden löst. Auf dem Topfboden sollte ein weißer Belag sichtbar sein.

• Den Topf von der Kochstelle nehmen und sofort mit den Knethaken des Handrührers 1 Ei unterrühren. Teig etwas abkühlen lassen. Dann nacheinander die restlichen Eier unterrühren. Jedes Ei immer erst ganz unter den Teig rühren, bevor das nächste dazukommt. Den Brandteig in einen Spritzbeutel mit großer Sterntülle füllen.

• Das Fett zum Ausbacken in einem flachen weiten Topf erhitzen. Die Temperatur ist richtig, wenn von einem in das heiße Fett getauchten Holzlöffel kleine Bläschen aufsteigen.

• Aus Backpapier zehn Quadrate mit etwa 15 cm Seitenlänge ausschneiden. Den Brandteig in Ringen (∅ etwa 5–6 cm) daraufspritzen. Jeden Ring doppelt spritzen, sodass zwei Schichten übereinanderliegen.

• Je zwei bis drei Ringe samt Backpapier in das heiße Fett geben. Etwa 15 Sek. ausbacken und dann das Papier vorsichtig abziehen. Die Teigringe etwa 4 Min. ausbacken, bis der Teig gar ist und eine goldbraune Farbe hat. Spritzkuchen mit einer Schaumkelle aus dem Fett heben und auf Küchenkrepp abtropfen lassen. Restlichen Teig wie beschrieben backen.

• Den Puderzucker und den Zitronensaft zu einem glatten Guss verrühren und die Spritzkuchen damit bestreichen. Oder nur mit Puderzucker bestreuen.

Erdbeer-Bananen-Törtchen

Yufka-Teig | einfach

12	**Stück**
	Zubereitungszeit 45 Min.
	Backzeit 10 Min.
Pro Stück	**ca. 165 kcal, E 2 g, F 7 g, KH 23 g**

	Fett und brauner Zucker für die Muffinform
150 g	Yufka-Teigblätter (oder Filo-Teig; türkischer Supermarkt)
100 g	Butter
50 g	brauner Rohrzucker
250 g	Bananen
2–3 EL	Zitronensaft
500 g	Erdbeeren
2 Päckchen	Bourbon-Vanillezucker
12 Kugeln	Zitronen-Sorbet

• Den Backofen auf 180° (Umluft 160°, Gas Stufe 3) vorheizen. Eine Muffinform (12 Mulden à etwa 125 ml Inhalt) ausfetten und mit braunem Zucker ausstreuen.

• Aus den Teigblättern etwa 36 Quadrate mit 12 cm Seitenlänge schneiden und ein feuchtes Tuch darüberlegen, damit die Teigblätter nicht austrocknen. Die Butter schmelzen.

• Zwei Teigquadrate dünn mit Butter bestreichen, etwas Zucker darüberstreuen und übereinanderlegen. Dann ein unbestrichenes Teigstück darauflegen. Die geschichteten Teige in eine Mulde der Muffinform legen und leicht andrücken. Restlichen Teig wie beschrieben verarbeiten, bis alle Mulden gefüllt sind.

• Die Teigschalen im vorgeheizten Backofen etwa 8–10 Min. goldbraun backen. Herausnehmen und 5 Min. abkühlen lassen. Dann die Küchlein vorsichtig aus den Mulden nehmen und auf einem Kuchengitter ganz abkühlen lassen.

• Die Bananen schälen, in Scheiben schneiden und mit dem Zitronensaft mischen. Die Erdbeeren abspülen, putzen und in Spalten schneiden.

• Zum Servieren Bananen abtropfen lassen und mit den Erdbeeren und dem Vanillezucker mischen. Früchte in die Teigschalen füllen und zusammen mit dem Sorbet servieren.

Amerikaner

Rührteig | schmeckt Kindern

10	Stück
	Zubereitungszeit 25 Min.
	Backzeit 55 Min.
Pro Stück	ca. 280 kcal, E 4 g, F 10 g, KH 44 g

1	Bio-Zitrone
100 g	weiche Butter oder Margarine
100 g	Zucker
	Salz
2	Eier
200 g	Mehl
50 g	Speisestärke
2 TL	Backpulver
150 g	Puderzucker
	evtl. rote und gelbe Speisefarbe

• Den Backofen auf 200° (Umluft 180°, Gas Stufe 4) vorheizen. Für den Teig die Zitrone heiß abspülen, trocken tupfen und die Schale fein abreiben. Den Saft auspressen und beiseitestellen.

• Fett, Zucker, 1 Prise Salz und Zitronenschale mit den Quirlen des Handrührers cremig schlagen. Die Eier nacheinander unterrühren. Mehl, Stärke und Backpulver mischen und im Wechsel mit 4 EL Wasser unter den Teig rühren.

• Auf zwei mit Backpapier ausgelegte Backbleche jeweils fünf Teighäufchen geben. Das erste Blech mit dem Teig im vorgeheizten Backofen etwa 25–30 Min. backen. Das zweite Blech nur etwa 25 Min. backen. Die Amerikaner vom Blech nehmen und auf einem Kuchengitter abkühlen lassen.

• Für den Guss den Puderzucker und etwa 2 EL Zitronensaft glatt rühren. Guss in zwei Portionen teilen und nach Belieben rot und gelb einfärben. Die glatte Unterseite der Amerikaner mit Zuckerguss bestreichen und mit dem zweiten farbigen Guss kleine Tupfen daraufspritzen. Trocknen lassen.

Tipp Klassische Amerikaner bekommen nur einen hellen Zuckerguss – ohne Speisefarbe.

Bunte Zitronenküchlein

Rührteig | raffiniert

14	**Stück**
	Zubereitungszeit 50 Min.
	Backzeit 25 Min.
Pro Stück	**ca. 345 kcal, E 4 g, F 14 g, KH 51 g**

200 g	weiche Butter	600 g	Rollfondant (s. S. 138)
200 g	Zucker		bunte Speisefarben
4	Eier		(z. B. Rot, Blau, Gelb)
1	Bio-Zitrone	1 EL	weißer Rum, Wodka
200 g	Mehl		oder Wasser (Alkohol klebt
1 TL	Backpulver		am besten)
100 g	Quittengelee		

• Den Backofen auf 180° (Umluft 160°, Gas Stufe 3) vorheizen. Für den Rührteig Butter und Zucker mit den Quirlen des Handrührers cremig schlagen. Eier unterrühren. Zitrone heiß abspülen, trocken tupfen, etwa zwei Drittel der Schale fein abreiben und zum Teig geben. Mehl und Backpulver mischen, in den Teig sieben und unterrühren.

• Je ein Papierförmchen in 14 Muffinförmchen setzen oder 14 Mal je zwei Papier-Muffinförmchen ineinanderstellen. Teig mit einem Esslöffel in die Papierförmchen geben. Förmchen etwa zur Hälfte mit Teig füllen und in der Mitte einen kleinen Teigberg formen. Muffins im vorgeheizten Backofen etwa 20–25 Min. goldgelb backen. Einen Holzspieß in einen Muffin stecken und prüfen, ob der Teig gar ist. Wenn Teig am Hölzchen klebt, die Muffins noch etwa 5 Min. weiterbacken. Muffins abkühlen lassen. Gelee in einem Topf erwärmen und glatt rühren. Muffins damit bestreichen und trocknen lassen.

• Inzwischen für die Verzierung den Fondant mit den Händen kräftig kneten, bis er weich und geschmeidig ist. In vier Portionen teilen und mit den Speisefarben einfärben. Eine Portion weiß lassen. Fondant portionsweise etwa 2–3 mm dünn ausrollen und mit runden Plätzchenausstechern oder Gläsern aus jeder Farbe Kreise von etwa 2,8 cm, 3,5 cm, 5,5 cm und 6,5 cm ⌀ ausstechen.

• Auf jeden Muffin zunächst einen Kreis von 6,5 cm ⌀ legen und gut andrücken, sodass die gesamte Oberfläche bedeckt ist. Nach Belieben jetzt unterschiedliche Kreise in abnehmender Größe auf die Muffins legen. Die Unterseite der Kreise mit etwas Rum, Wodka oder Wasser bestreichen, damit sie besser haften. In einer Dose fest verschlossen aufbewahrt halten sich die Muffins etwa 1 Woche.

Schoko-Muffins

Rührteig | schmeckt Kindern | einfach

12	Stück
	Zubereitungszeit 25 Min.
	Backzeit 25 Min.
Pro Stück	ca. 465 kcal, E 6 g, F 29 g, KH 45 g

350 g	weiche Butter
250 g	Zucker
4	Eier
200 g	Mehl
25 g + 2 EL	Kakaopulver
2 TL	Backpulver
	Salz
75 g	Schokotröpfchen
100 g	Puderzucker
	bunte Zuckerperlen für die Deko

• Den Backofen auf 180° (Umluft 160°, Gas Stufe 3) vorheizen. Für den Teig 250 g Butter und Zucker mit den Quirlen des Handrührers etwa 5 Min. cremig rühren. Eier einzeln unterrühren. Mehl, 25 g Kakao, Backpulver und 1 Prise Salz mischen und zusammen mit den Schokotröpfchen unter den Teig rühren.

• Papierförmchen in die Mulden einer Muffinform (12 Mulden à etwa 125 ml Inhalt) setzen und den Teig einfüllen. Die Muffins im vorgeheizten Backofen etwa 20–25 Min. backen, dann herausnehmen und auf einem Kuchengitter abkühlen lassen.

• Für die Buttercreme Puderzucker und restlichen Kakao mischen und sieben. Zucker-Kakao-Mischung und restliche Butter mit den Quirlen des Handrührers cremig schlagen. Die Schokoladen-Buttercreme auf die kalten Küchlein streichen und mit Zuckerperlen dekorieren.

Tipp Die Muffins schon am Vortag backen und zum Servieren ganz frisch mit Schokoladen-Buttercreme bestreichen und dekorieren.

Kleine Rhabarberküchlein

Rührteig | einfach

8	**Stück**
	Zubereitungszeit 50 Min.
	Backzeit 40 Min.
Pro Stück	**ca. 325 kcal, E 6 g, F 19 g, KH 32 g**

	Fett für die Formen
100 g	Marzipanrohmasse
125 g	weiche Butter oder Margarine
100 g	Zucker
1 Päckchen	Vanillezucker
	Salz
2	Eier
150 g	Mehl
1 ½ TL	Backpulver
200 g	Rhabarber
	Puderzucker zum Bestäuben

• Den Backofen auf 180° (Umluft 160°, Gas Stufe 3) vorheizen. Acht leere, saubere Konservendosen (s. Tipp) ohne Innenbeschichtung oben und unten öffnen. Die Dosen innen ausfetten und mit Backpapierstreifen auslegen. Dosen auf ein mit Backpapier ausgelegtes Backblech stellen.

• Das Marzipan auf einer Gemüsereibe grob reiben. Fett, Marzipan, Zucker, Vanillezucker und 1 Prise Salz mit den Quirlen des Handrührers cremig rühren. Die Eier nach und nach unterrühren. Mehl und Backpulver mischen und unterrühren. Den Teig in einen Spritzbeutel mit großer Lochtülle füllen.

• Den Rhabarber abspülen, putzen und schälen. Die Stangen in Länge der Dosen in Stücke schneiden und längs halbieren.

• Etwas Teig in jede Dose spritzen. Die Rhabarberstangen mit etwa 1 cm Abstand an die Doseninnenwand legen und den Teig bis zur Hälfte in die Dosen spritzen. Die Küchlein im vorgeheizten Backofen etwa 40 Min. backen.

• Die Küchlein auf einem Kuchengitter in der Form abkühlen lassen, aus der Form lösen und mit Puderzucker bestäuben.

Tipp Am besten kleine schmale Dosen nehmen: ⌀ 5 cm, Höhe etwa 7 cm. Oder die Küchlein in Muffinförmchen backen.

Norwegische Hefeteilchen

Hefeteig | preiswert

12	**Stück**
	Zubereitungszeit 35 Min.
	Ruhezeit 1 Std. 15 Min.
	Backzeit 20 Min.
Pro Stück	**ca. 300 kcal, E 7 g, F 8 g, KH 48 g**

1 Würfel	frische Hefe (42 g)	1	Ei
95 g	Zucker	2–3 EL	Vanillepuddingpulver
450 ml	Milch	50 g	Puderzucker
80 g	Butter	1–1 ½ EL	Zitronensaft
500 g	Mehl	1 EL	Kokosraspel
1 TL	gemahlener Kardamom		

• Für den Hefeteig die Hefe mit den Händen zerbröckeln und mit 1 EL Zucker in einer Schüssel verrühren. 200 ml Milch und die Butter lauwarm erwärmen. Mehl, Kardamom, 65 g Zucker, Ei, Milch und Butter zur Hefe geben und mit den Knethaken des Handrührers etwa 8 Min. zu einem geschmeidigen Teig verkneten. Zugedeckt an einem warmen Ort 45 Min. gehen lassen, bis sich das Volumen etwa verdoppelt hat.

• Inzwischen für den Pudding das Puddingpulver, den restlichen Zucker und 3 EL Milch verrühren. Restliche Milch aufkochen und das Puddingpulver unter Rühren dazugießen. Alles etwa 1 Min. kochen lassen. Den Pudding mit Frischhaltefolie direkt auf der Oberfläche abdecken und auskühlen lassen. Dann nochmals durchrühren.

• Den Backofen auf 200° (Umluft 180°, Gas Stufe 4) vorheizen. Den Teig nochmals mit den Händen kräftig durchkneten und zu zwölf Kugeln formen. Die Kugeln auf ein mit Backpapier ausgelegtes Backblech geben und etwas flach drücken. Zugedeckt nochmals 30 Min. an einem warmen Ort gehen lassen.

• Die Teigkugeln in der Mitte mit den Händen eindrücken und den Pudding in die Mulden einfüllen. Die Hefeteilchen im vorgeheizten Backofen etwa 20 Min. backen. Auf einem Kuchengitter auskühlen lassen.

• Für die Deko Puderzucker und Zitronensaft zu einem glatten Guss verrühren. In einen kleinen Plastikbeutel geben, eine Ecke knapp abschneiden und die Teilchen damit verzieren. Sofort mit Kokosraspeln bestreuen und trocknen lassen.

Warme Schokoladenküchlein

Rührteig | für Gäste

12	Stück
	Zubereitungszeit 30 Min.
	Backzeit 25 Min.
Pro Stück	ca. 560 kcal, E 10 g, F 37 g, KH 47 g

200 g	Bitterschokolade (70 % Kakaoanteil)
6	Eier
270 g	Zucker
125 g	gemahlene Mandeln
250 g	weiche Butter
100 g	Mehl
	Salz
	Fett und Mehl für die Muffinform
200 g	Heidelbeeren (evtl. TK)
200 g	Mascarpone
etwa 100 ml	Holundersirup

• Den Backofen auf 180° (Umluft 160°, Gas Stufe 3) vorheizen. Für die Küchlein die Schokolade in Stücke brechen und in einer Metallschüssel über einem heißen Wasserbad langsam schmelzen. Die Eier trennen. Eigelbe und 175 g Zucker mit den Quirlen des Handrührers cremig schlagen, bis sich der Zucker gelöst hat.

• Geschmolzene Schokolade, Mandeln und Butter unterrühren. Das Mehl darübersieben und unterrühren.

• Eiweiße mit 1 Prise Salz und 75 g Zucker steif schlagen und mit einem Schneebesen unter den Schokoladenteig rühren. Teig in die gefetteten und mit Mehl ausgestreuten Mulden einer Muffinform (12 Mulden à etwa 125 ml Inhalt) geben.

• Im vorgeheizten Backofen etwa 25 Min. backen. Heidelbeeren abspülen (TK-Heidelbeeren auftauen lassen), mit dem restlichen Zucker mischen und in einem kleinen Topf einmal aufkochen lassen. Das Kompott abkühlen lassen.

• Für die Sauce den Mascarpone und den Sirup verrühren und auf die Teller gießen. Schokoladenküchlein aus den Formen lösen, stürzen und auf den Saucenspiegel setzen. Das Heidelbeerkompott daraufgeben.

Dazu halb steif geschlagene Sahne mit Zimt

Tipp Die Küchlein statt mit Heidelbeerkompott mit Amarenakirschen toppen.

Windbeutel *mit Erdbeeren*

Brandteig | einfach

6	**Stück**
	Zubereitungszeit 40 Min.
	Backzeit 25 Min.
Pro Stück	**ca. 410 kcal, E 11 g, F 23 g, KH 38 g**

375 g	Erdbeeren
2–3 EL	Zucker
2 Päckchen	Vanillezucker
evtl. 2 EL	Himbeergeist
¼ l	Milch
30 g	Butter
	Salz
150 g	Mehl
4–5	Eier
250 g	Sahne
	Puderzucker zum Bestäuben

Tipp
Windbeutel erst kurz vor dem Servieren füllen, damit das Gebäck schön knusprig bleibt.

• Die Erdbeeren abspülen, putzen und in Scheiben schneiden. Etwa ein Drittel der Beeren mit dem Zucker, 1 Päckchen Vanillezucker und eventuell dem Himbeergeist in eine hohe, schmale Schüssel geben und mit dem Stabmixer pürieren. Restliche Erdbeeren und das Erdbeerpüree mischen und kalt stellen.

• Den Backofen auf 200° (Umluft 180°, Gas Stufe 4) vorheizen. Für den Brandteig Milch, ¼ l Wasser, Butter und 1 Prise Salz aufkochen. Mehl unter Rühren auf einmal dazugeben und so lange weiterrühren, bis sich der Teig als Kloß vom Topfboden löst. Auf dem Topfboden sollte ein weißer Belag sichtbar sein. Den Topf vom Herd nehmen und die Eier nacheinander mit den Knethaken des Handrührers unter den Teig rühren. Jedes Ei immer erst ganz unter den Teig arbeiten, bevor das nächste dazugegeben wird.

• Den Teig in einen Spritzbeutel mit großer Sterntülle füllen. Auf ein mit Backpapier ausgelegtes Backblech etwa sechs handtellergroße Türmchen spritzen. Im vorgeheizten Backofen etwa 25 Min. backen. Herausnehmen, sofort aufschneiden und die Hälften auseinandergeklappt auskühlen lassen.

• Inzwischen die Sahne steif schlagen und den restlichen Vanillezucker einrieseln lassen. Die Unterteile der Windbeutel im Wechsel mit den marinierten Erdbeeren und der Sahne füllen, die Deckel wieder darauflegen. Windbeutel dünn mit Puderzucker bestäuben und sofort servieren.

Mandelhörnchen

Baiser | einfach

10 Stück
Zubereitungszeit 30 Min.
Backzeit 20 Min.
Pro Stück **ca. 360 kcal, E 7 g, F 21 g, KH 35 g**

250 g Marzipanrohmasse
200 g Zucker
2 Eiweiße (von kleinen Eiern, etwa 70 g)
150 g Mandelblättchen
100 g dunkle Kuchenglasur

● Den Backofen auf 180° (Umluft 160°, Gas Stufe 3) vorheizen. Die Marzipanrohmasse auf einer Gemüsereibe grob reiben. Marzipanrohmasse, Zucker und Eiweiße mit den Quirlen des Handrührers in etwa 5 Min. zu einer glatten, dicken Creme verschlagen.

● Marzipancreme in einen Spritzbeutel mit großer Lochtülle (⌀ 1,3 cm) füllen. Auf ein mit Backpapier ausgelegtes Backblech zehn Hörnchen spritzen. Dazwischen ausreichend Platz lassen, weil die Hörnchen noch aufgehen.

● Mandelblättchen mit den Händen rundherum an den Mandelteig drücken. Die Hörnchen im vorgeheizten Backofen etwa 15–20 Min. goldbraun backen, vom Papier lösen, auf ein Kuchengitter legen und abkühlen lassen.

● Inzwischen die Kuchenglasur nach Packungsanweisung über einem heißen Wasserbad schmelzen, in eine kleine Schüssel geben und die Hörnchenenden hineintauchen. Trocknen lassen.

Tipp **Die Hörnchen halten sich in einer Dose fest verschlossen 2–3 Tage frisch.**

Rosinen-Zimt-Schnecken

Quark-Öl-Teig | schmeckt Kindern

18	**Stück**		
	Zubereitungszeit 35 Min.		
	Kühlzeit 30 Min.		
	Backzeit 30 Min.		
Pro Stück	**ca. 215 kcal, E 4 g, F 9 g, KH 29 g**		

¼ l	Apfelsaft	150 g	Dinkelvollkornmehl
250 g	Rosinen	200 g	Dinkelmehl
150 g	Magerquark	1 Päckchen	Backpulver
100 ml	Milch		Mehl zum Arbeiten
100 ml	neutrales Öl (z. B. Rapsöl)	2–3 EL	brauner Rohrzucker
70 g	Zucker	1 TL	Zimtpulver
	Salz	50 g	Butter
1	Ei		

● Für die Füllung Apfelsaft und Rosinen aufkochen, 5 Min. zugedeckt köcheln lassen. Den Topf vom Herd nehmen und abkühlen lassen.

● Für den Quark-Öl-Teig Quark, Milch, Öl, Zucker, 1 kräftige Prise Salz und Ei glatt rühren. Vollkornmehl dazugeben, Mehl und Backpulver darübersieben. Mit den Knethaken des Handrührers schnell zu einem glatten Teig verkneten. Teig in Frischhaltefolie wickeln und für 30 Min. kalt stellen.

● Den Backofen auf 180° (Umluft 160°, Gas Stufe 3) vorheizen. Die Rosinen abtropfen lassen. Aus Butterbrotpapier 18 Quadrate mit 15 cm Seitenlänge zuschneiden. Mulden von zwei Muffinformen damit auskleiden (oder die Schnecken in einer Form nacheinander backen).

● Den Teig dritteln und auf einer mit Mehl bestreuten Arbeitsfläche jeweils zu einem ca. 8 cm breiten und 45 cm langen Streifen ausrollen. Die Streifen dicht mit Rosinen belegen und mit braunem Rohrzucker und Zimt bestreuen. Jeden Strang quer in drei etwa 15 cm lange Stücke schneiden.

● Teigstücke von der Breitseite her aufrollen und halbieren, sodass zwei Schnecken entstehen. Mit der Schnittfläche nach unten in die Förmchen setzen und mit kleinen Butterflöckchen belegen. Die Schnecken im vorgeheizten Backofen etwa 25–30 Min. backen, aus den Förmchen nehmen, eventuell nochmals mit kleinen Butterflöckchen belegen und auf einem Kuchengitter abkühlen lassen.

Pflaumen-Omeletts

Biskuit | einfach

4	**Stück**
	Zubereitungszeit 20 Min.
	Backzeit 10 Min.
Pro Stück	**ca. 370 kcal, E 8 g, F 22 g, KH 37 g**

2	Eier
50 g	Zucker
2	Eigelbe
25 g	Mehl
25 g	Speisestärke
2–3	Pflaumen
200 g	Sahne
60 g	Pflaumenmus
	Puderzucker zum Bestäuben

• Den Backofen auf 200° (Umluft 180°, Gas Stufe 4) vorheizen. Für den Biskuit die Eier trennen. Eiweiße steif schlagen. Zucker einrieseln lassen und weiterschlagen, bis sich der Zucker aufgelöst hat. Alle 4 Eigelbe unterrühren. Mehl und Stärke darübersieben und mit einem Schneebesen unterheben.

• Auf Backpapier vier Kreise (Ø 12 cm) zeichnen. Die Biskuitmasse in den Kreisen verstreichen und im vorgeheizten Backofen 8–10 Min. backen.

• Die Biskuitböden nach dem Backen sofort vom Papier lösen und zu Halbkreisen zusammenklappen. Auf einem Kuchengitter abkühlen lassen.

• Für die Füllung die Pflaumen abspülen, trocken tupfen, halbieren, entsteinen und in Spalten schneiden. Die Sahne steif schlagen und das Pflaumenmus unterheben. Je ein paar Pflaumenspalten in die Biskuittaschen legen. Pflaumensahne in einen Spritzbeutel mit Sterntülle füllen und die Omeletts damit füllen. Die Omeletts mit Puderzucker bestäuben und sofort servieren.

Kuchen

Noch ein Stück? Wenn Ihre Gäste jetzt »Nein danke, ich werde zu dick« sagen, haben Sie was falsch gemacht. Sie müssen sagen: »Ich kann nicht widerstehen, ja bitte!« – Kein Problem mit diesen Rezepten!

Aprikosenkuchen

Rührteig | einfach

12	**Stücke**
	Zubereitungszeit 30 Min.
	Backzeit 1 Std.
Pro Stück	**ca. 250 kcal, E 3 g, F 9 g, KH 40 g**

1 kg	reife Aprikosen
1	Bio-Zitrone
100 g	Butter
2	Eier
300 g	Zucker
1 Päckchen	Vanillezucker
½ Päckchen	Backpulver
150 g	Mehl
100 ml	Milch
	Butter und Mehl für die Form
1 TL	Puderzucker zum Bestäuben
	evtl. einige Bio-Zitronenscheiben zum Garnieren

• Den Backofen auf 180° (Umluft 160°, Gas Stufe 3) vorheizen. Die Aprikosen abspülen, halbieren, entsteinen und vierteln. Die Zitrone heiß abspülen, trocken tupfen und die Schale fein abreiben. Den Saft auspressen. Butter schmelzen.

• Eier, Zucker und Vanillezucker mit den Quirlen des Handrührers verrühren. Backpulver, Mehl, Milch, flüssige Butter, Zitronenschale und 1 EL Zitronensaft unterrühren. Dann die Aprikosen unterheben.

• Eine Springform (∅ 26 cm) fetten und mit Mehl ausstäuben. Teig einfüllen und im vorgeheizten Backofen etwa 1 Std. backen. Eventuell den Kuchen zwischendurch mit Backpapier abdecken, damit er nicht zu dunkel wird.

• Den Kuchen herausnehmen und abkühlen lassen. Zum Servieren mit Puderzucker bestäuben und eventuell mit Zitronenscheiben garnieren.

Tipps Der Kuchen schmeckt lauwarm am besten. Statt Aprikosen hauchdünn geschnittene Apfelscheibchen von 750 g Äpfeln nehmen.

Der Kuchen ist sehr saftig, weil er mit wenig Mehl zubereitet wird.

Klassiker

Becherkuchen

Dieser Kuchen ist äußerst praktisch – er braucht für die Zutaten keine Waage. Der Sahnebecher übernimmt die Funktion des Abwiegens.

24	**Stücke**
	Zubereitungszeit 30 Min.
	Backzeit 30 Min.
Pro Stück	**ca. 290 kcal, E 5 g, F 13 g, KH 37 g**

1 Becher	Sahne (250 g)
2 Becher	Zucker (500 g)
2 Päckchen	Vanillezucker
	Salz
4	Eier
2 ½ Becher	Mehl (500 g)
1 Päckchen	Backpulver
	Fett und Mehl für das Backblech
½ Becher	flüssige Butter (125 g)
4 EL	Milch
2 Becher	Mandel- oder Haselnussblättchen (200 g)
	evtl. Puderzucker zum Bestäuben

• Den Backofen auf 180° (Umluft 160°, Gas Stufe 3) vorheizen. Für den Teig Sahne, 1 Becher Zucker, 1 Päckchen Vanillezucker und 1 Prise Salz mit den Quirlen des Handrührers verrühren. Eier, Mehl und Backpulver nach und nach dazugeben (Step 1). Den Teig auf ein gefettetes und mit Mehl bestäubtes Backblech geben und gleichmäßig verstreichen (Step 2). Im vorgeheizten Backofen etwa 12 Min. vorbacken.

• Inzwischen für den Belag die flüssige Butter mit dem restlichen Zucker, der Milch, den Mandel- oder Haselnussblättchen und dem restlichen Vanillezucker verrühren. Die Mischung auf den vorgebackenen Kuchen geben und gleichmäßig verstreichen (Step 3).

• Den Becherkuchen bei gleicher Temperatur weitere 15–20 Min. backen, bis die Nussblättchen goldbraun sind. Etwas abkühlen lassen, mit Puderzucker bestäuben und in Stücke schneiden.

Tipp

Der Kuchen heißt Becherkuchen, weil als Maß für die weiteren Zutaten die Menge des Sahnebechers genommen wird.

Mohn-Streusel-Kuchen

Hefeteig | für Gäste

24	**Stücke**		
	Zubereitungszeit 45 Min.		
	Ruhezeit 1 Std. 5 Min.		
	Backzeit 35 Min.		
Pro Stück	ca. 405 kcal, E 9 g, F 19 g, KH 49 g		

625 g	Mehl	evtl. 2–3 EL	Rum
25 g	frische Hefe	¼ TL	Zimtpulver
625 ml	Milch		Salz
220 g	Zucker	je 40 g	gemahlene und gehackte
4	Eier		Mandeln
300 g	weiche Butter		Mehl zum Arbeiten
1 Päckchen	Vanillezucker	100 g	Puderzucker
1 Päckchen	Sahnepuddingpulver	2 EL	Zitronensaft
750 g	backfertige Mohnmischung		

• Für den Hefeteig 375 g Mehl in eine Schüssel sieben. In die Mitte eine Mulde drücken und die Hefe hineinbröckeln. 4 EL lauwarme Milch und 1 TL Zucker in die Mulde geben und alles mit etwas Mehl vom Rand zu einem dickflüssigen Vorteig verrühren. Abgedeckt an einem warmen Ort 15 Min. gehen lassen. 85 ml Milch und 75 g Zucker, 1 Ei, 100 g weiche Butter und Vanillezucker zum Vorteig geben und zu einem glatten Teig verkneten. Den Teig nochmals an einem warmen Ort 20 Min. gehen lassen, bis er sein Volumen verdoppelt hat.

• Für die Mohncreme 4 EL Milch und das Puddingpulver verrühren. Restliche Milch und 2 EL Zucker aufkochen. Angerührtes Puddingpulver in die Milch gießen und unter Rühren einmal aufkochen lassen. Topf vom Herd nehmen und den Pudding etwas abkühlen lassen. Dann den Mohn unterrühren. Abkühlen lassen und die restlichen Eier und eventuell den Rum unterrühren.

• Für die Streusel die restliche Butter schmelzen. Restliches Mehl, restlichen Zucker, Zimt, 1 Prise Salz und Mandeln mischen und die flüssige Butter darübergießen. Mit den Händen zu Streuseln verkneten. Hefeteig nochmals kurz mit den Händen kneten und auf wenig Mehl in Größe des Backbleches ausrollen. Teig auf ein mit Backpapier ausgelegtes Blech legen und abgedeckt nochmals etwa 30 Min. gehen lassen. Backofen auf 200° (Umluft 180°, Gas Stufe 4) vorheizen. Mit zwei Fingern kleine Mulden in den Teig drücken. Mohncreme daraufstreichen, Streusel darüberstreuen. Kuchen im Ofen etwa 35 Min. backen. Puderzucker und Zitronensaft zu einem glatten Guss verrühren, Kuchen damit beträufeln.

Zitronen-Kokos-Schnitten

Mürbeteig | einfach | preiswert

12	Stücke
	Zubereitungszeit 25 Min.
	Backzeit 35 Min.
	Kühlzeit 12 Std.
Pro Stück	ca. 310 kcal, E 5 g, F 14 g, KH 40 g

2	Bio-Zitronen
120 g	weiche Butter
280 g	Mehl
60 g	Puderzucker
1 Päckchen	Vanillezucker
80 g	Kokosraspel
½ TL	Backpulver
3	Eier
180 g	Zucker
	Puderzucker zum Bestäuben

• Zitronen heiß abspülen, trocken tupfen und die Schale von 1 Zitrone fein abreiben. Den Saft von beiden Zitronen auspressen und 100 ml Saft abmessen.

• Backofen auf 180° (Umluft 160°, Gas Stufe 3) vorheizen. Butter, 180 g Mehl, Puderzucker, Vanillezucker und 1 TL abgeriebene Zitronenschale mit den Knethaken des Handrührers zu einem glatten Teig verkneten.

• Den Boden einer eckigen Backform (etwa 20 × 25 cm) mit Backpapier auslegen. Teig hineingeben und mit den Händen zu einer gleichmäßig dicken Teigplatte auf den Boden drücken. Die Teigplatte im vorgeheizten Backofen etwa 15 Min. goldgelb vorbacken.

• Kokosraspel, restliches Mehl, Backpulver, 1 TL Zitronenschale, Zitronensaft, Eier und Zucker mit den Quirlen des Handrührers verschlagen.

• Die Kokosmasse auf den Teigboden gießen und weitere 20 Min. bei gleicher Temperatur backen. Den Kuchen über Nacht abkühlen lassen, in Stücke schneiden und mit Puderzucker bestäuben.

Tipp Der Kuchen ist eine Spezialität aus Neuseeland und heißt dort Lemon-Coconut-Slice.

Pflaumen-Likör-Kuchen

Bröselteig | raffiniert | ohne Backen

30	**Stücke**
	Zubereitungszeit 40 Min.
	Ruhezeit 12 Std.
	Kühlzeit 3 Std.
Pro Stück	ca. 335 kcal, E 6 g, F 19 g, KH 26 g

je ¾ l	Apfelsaft und Rotwein
1	Zimtstange
750 g	getrocknete Pflaumen ohne Stein
200 g	Amaretti (italienische Mandelkekse)
200 g	Löffelbiskuits
250 g	Butter
14 Blatt	weiße Gelatine
1	Vanilleschote
500 g	Mascarpone light
350 ml	Eierlikör
500 g	Joghurt
500 g	Sahne

Tipp
Alle Zutaten halbieren
und den Kuchen in einer
Springform (Ø 28 cm)
zubereiten.

• Apfelsaft, Rotwein und Zimt aufkochen. Die Pflaumen dazugeben, den Topf vom Herd nehmen und über Nacht ziehen lassen.

• Für den Boden die Amaretti und Löffelbiskuits portionsweise in einen Gefrierbeutel geben und mit einem Nudelholz fein zerbröseln. Butter schmelzen und mit den Bröseln mischen. Brösel-Butter-Mischung auf ein mit Backpapier ausgelegtes Backblech geben und mit den Händen oder einem Löffel zu einem festen Boden zusammendrücken.

• Pflaumen in einem Sieb abtropfen lassen und auf dem Bröselboden verteilen (Saft anderweitig verwenden). Gelatine in kaltem Wasser einweichen. Vanilleschote längs aufschneiden und das Mark mit einem spitzen Messer herauskratzen. Vanillemark, Mascarpone und Eierlikör zu einer glatten Creme verrühren. Joghurt unterrühren. Sahne steif schlagen und kalt stellen.

• Gelatine ausdrücken und bei kleiner Hitze in einem Topf auflösen. Etwas Eierlikörcreme zur Gelatine geben und gut verrühren. Diese Mischung unter Rühren zur restlichen Eierlikörcreme geben. Creme kalt stellen. Sobald die Creme anfängt, fest zu werden, die Sahne unterheben. Eierlikörcreme auf die Pflaumen streichen, mindestens 3 Std. kalt stellen. Kuchen in 30 kleine Stücke schneiden.

Aprikosen-Butterkuchen

Hefeteig | braucht Übung

24	**Stücke**		
	Zubereitungszeit 45 Min.		
	Ruhezeit 1 Std. 15 Min.		
	Backzeit 20 Min.		
Pro Stück	**ca. 210 kcal, E 4 g, F 10 g, KH 26 g**		

1 Würfel	frische Hefe (42 g)	250 g	weiche Butter
130 g	Zucker		Fett für das Blech
200 ml	Milch	½	Vanilleschote
500 g	Mehl	50 g	Puderzucker
	Salz	500 g	Aprikosen
2	Eier	3 EL	Mandelblättchen

• Für den Hefeteig die Hefe zerbröckeln und mit 2 EL Zucker in eine Schüssel geben und verrühren. Die Milch lauwarm erhitzen, dazugießen und verrühren. Mehl, 80 g Zucker, 1 Prise Salz, Eier und 75 g Butter zufügen. Alles mit den Knethaken des Handrührers zu einem geschmeidigen Teig verkneten und zugedeckt an einem warmen Ort etwa 45 Min. gehen lassen.

• Den Hefeteig mit den Händen kurz kneten und auf der gefetteten Fettpfanne (das ist das tiefe Backblech) des Backofens ausrollen. Den Teig weitere 30 Min. zugedeckt an einem warmen Ort gehen lassen.

• Den Backofen auf 200° (Umluft 180°, Gas Stufe 4) vorheizen. Für den Belag die Vanilleschote längs aufschneiden und das Mark mit einem spitzen Messer herauskratzen. Restliche Butter, Puderzucker und Vanillemark mit den Quirlen des Handrührers cremig rühren. Vanillebutter in einen Spritzbeutel mit mittelgroßer Lochtülle geben.

• Die Aprikosen abspülen und trocken tupfen. Die Früchte halbieren, entsteinen und nochmal halbieren. Mit den Fingern Vertiefungen in den aufgegangen Teig drücken. Die Vanillebutter in die Vertiefungen spritzen und die Aprikosenviertel auf dem Teig verteilen. Mandelblättchen und restlichen Zucker darüberstreuen. Den Kuchen im vorgeheizten Backofen etwa 20 Min. backen. Dann auf einem Kuchengitter abkühlen lassen und am besten frisch servieren.

Tipp Ohne die Früchte wird ein klassischer Butterkuchen daraus.

Orangen-Marzipan-Kuchen

Rührteig | einfach

16 Stücke
Zubereitungszeit 40 Min.
Backzeit 50 Min.
Pro Stück ca. 420 kcal, E 5 g, F 19 g, KH 55 g

200 g	Marzipanrohmasse	250 g	Mehl
2	Bio-Orangen	75 g	Speisestärke
250 g	weiche Butter	3 TL	Backpulver
200 g	Zucker		Fett und Mehl für die Form
1 Päckchen	Vanillezucker	250 g	Puderzucker
	Salz	7–8 EL	Zitronensaft
4	Eier	6	kandierte Orangenscheiben

• Den Backofen auf 180° (Umluft 160°, Gas Stufe 3) vorheizen. Für den Teig das Marzipan auf einer Reibe fein reiben. Die Orangen heiß abspülen und trocken tupfen. Schale von 1 Orange fein abreiben, den Saft beider Orangen auspressen.

• Butter, Zucker, Vanillezucker und 1 Prise Salz mit den Quirlen des Handrührers schaumig schlagen. Die Eier nacheinander unterrühren und das Marzipan zufügen. Mehl, Stärke, Backpulver, Orangenschale und 4 EL Orangensaft unter die Marzipanmasse rühren.

• Eine Springform (∅ 26 cm) fetten und mit Mehl ausstreuen. Den Teig einfüllen, glatt streichen und im vorgeheizten Backofen etwa 45–50 Min. backen. Die Oberfläche des Kuchens sofort mit einer Gabel leicht einstechen und den restlichen Orangensaft darüberträufeln.

• Den Springformrand mit einem Messer vom Teig lösen und den Kuchen auf einem Kuchengitter auskühlen lassen.

• Für den Guss Puderzucker und Zitronensaft verrühren und den Guss über den kalten Kuchen gießen. 1 kandierte Orangenscheibe in Streifen schneiden, restliche Scheiben halbieren. Den Kuchen mit den Orangenscheiben und den Orangenstreifen verzieren.

Tipp Den Kuchen am besten über Nacht im Kühlschrank durchziehen lassen. Er schmeckt am nächsten Tag noch besser!

Umkehrtorte

Rührteig und Baiser | einfach

12	Stücke
	Zubereitungszeit 35 Min.
	Backzeit 45 Min.
Pro Stück	ca. 320 kcal, E 5 g, F 19 g, KH 30 g

100 g	weiche Butter
225 g	Zucker
4	Eier
100 g	Mehl
2 TL	Backpulver
evtl. 1–2 EL	Rum
125 g	gemahlene Haselnüsse
100 g	dunkle Kuchenglasur

• Für den Rührteig die Butter und 100 g Zucker mit den Quirlen des Handrührers hell und cremig schlagen. Die Eier trennen. Eigelbe unterrühren. Mehl und Backpulver mischen und nach und nach unterrühren. Eventuell Rum unterrühren.

• Den Backofen auf 180° (Umluft 160°, Gas Stufe 3) vorheizen. Den Teig in eine am Boden mit Backpapier ausgelegte Springform (∅ 26 cm) streichen.

• Für das Baiser Eiweiße mit den Quirlen des Handrührers steif schlagen, den restlichen Zucker langsam einrieseln lassen und weiterschlagen, bis er sich aufgelöst hat und ein festes Baiser entstanden ist.

• Die Haselnüsse mit einem Schneebesen unterheben und das Baiser auf den Teig streichen. Den Kuchen im vorgeheizten Backofen etwa 45 Min. backen. Herausnehmen und abkühlen lassen.

• Die Kuchenglasur nach Packungsanweisung schmelzen und die Unterseite des Kuchens damit bestreichen. Kuchen in Stücke schneiden und jedes zweite Stück umdrehen, sodass abwechselnd ein helles und ein dunkles Kuchenstück auf dem Teller liegt.

Käsekuchen

Mürbeteig | braucht Zeit

16	Stücke
	Zubereitungszeit 40 Min.
	Kühlzeit 30 Min.
	Backzeit 1 Std. 10 Min.
Pro Stück	ca. 430 kcal, E 13 g, F 23 g, KH 40 g

1	Bio-Zitrone	500 g	Schichtkäse oder Quark
250 g	Mehl	300 g	Ricotta
6	Eier	500 g	Mascarpone
150 g	kalte Butter	300 g	Zucker
	Salz	1–2 EL	Orangenlikör oder Orangen-
	Mehl zum Arbeiten		saft
	Fett und feiner Grieß für die Form	150 g	feiner Grieß
2 EL	Orangenmarmelade		Puderzucker zum Bestäuben
1	Vanilleschote		

• Für den Mürbeteig die Zitrone heiß abspülen, trocken tupfen, die Schale fein abreiben und den Saft auspressen. Ein Drittel der Schale, Mehl, 1 Ei, Butter und 1 Prise Salz zunächst mit den Knethaken des Handrührers, dann mit den Händen schnell zu einem glatten Teig verkneten. Den Teig in Frischhaltefolie wickeln und für 30 Min. kalt stellen.

• Etwa zwei Drittel des Teiges auf wenig Mehl rund (Ø etwa 34 cm) ausrollen und als Boden und etwa 4 cm hohen Rand in eine gefettete und mit Grieß ausgestreute Springform (Ø 26 cm) legen. Orangenmarmelade darauf verstreichen. Restlichen Teig rund ausrollen (Ø 26 cm) und auf die Marmelade legen, sodass zwei Böden übereinanderliegen.

• Den Backofen auf 180° (Umluft 160°, Gas Stufe 3) vorheizen. Für die Füllung die restlichen 5 Eier trennen. Vanilleschote längs aufschneiden und das Mark mit einem spitzen Messer herauskratzen. Eigelbe, Vanillemark, Schichtkäse, Ricotta, Mascarpone, Zucker, Orangenlikör, Grieß, die restliche Zitronenschale und den ausgepressten Saft der Zitrone zu einer glatten Creme verrühren. Eiweiße steif schlagen und unterheben.

• Die Käsecreme in die Form füllen und den Kuchen im vorgeheizten Backofen etwa 60–70 Min. backen. Den Kuchen eventuell nach der Hälfte der Zeit mit Butterbrotpapier abdecken, damit er nicht zu dunkel wird. Vor dem Anschneiden ganz abkühlen lassen und dünn mit Puderzucker bestäuben.

Streuselkuchen

Hefeteig | preiswert

25	Stücke
	Zubereitungszeit 35 Min.
	Ruhezeit 1 Std. 20 Min.
	Backzeit 20 Min.
Pro Stück	ca. 285 kcal, E 4 g, F 12 g, KH 41 g

850 g	Mehl
	Salz
1 Würfel	frische Hefe (42 g)
230 ml	lauwarme Milch
310 g	weiche Butter
230 g	Zucker
1	Ei
1	Eigelb
½	Bio-Zitrone
	Mehl zum Arbeiten
	Butter für das Blech
½ TL	gemahlener Zimt
etwa 250 g	Aprikosenkonfitüre

Tipp
Der Hefekuchen schmeckt frisch am besten, darum sollte er möglichst nicht schon am Vortag gebacken werden.

• Für den Hefeteig 500 g Mehl und 1 Prise Salz in einer Schüssel mischen. Die Hefe zerbröckeln und in der lauwarmen Milch auflösen. 60 g Butter in Flöckchen, 80 g Zucker, Ei und Eigelb zum Mehl geben. Die Zitrone heiß abspülen, trocken tupfen, die Schale abreiben und zum Mehl geben. Die Hefemilch zum Mehl gießen und alles mit den Knethaken des Handrührers oder in der Küchenmaschine zu einem glatten Teig verkneten.

• Den Hefeteig zugedeckt an einem warmen Ort etwa 1 Std. gehen lassen, bis sich das Teigvolumen verdoppelt hat. Teig auf wenig Mehl mit den Händen etwa 3 Min. kneten, dann in Größe eines Backbleches ausrollen. Den Teig auf ein gebuttertes Backblech legen und zugedeckt an einem warmen Ort nochmals 20 Min. gehen lassen.

• Den Backofen auf 220° (Umluft 200°, Gas Stufe 5) vorheizen. Für die Streusel restliches Mehl, restlichen Zucker, Zimt und restliche Butter in Flöckchen mit den Händen zu Streuseln verkneten. Die Konfitüre leicht erwärmen und mit einem Esslöffel vorsichtig auf den Hefeteig streichen. Streusel darüberkrümeln. Kuchen im vorgeheizten Backofen auf der mittleren Schiene etwa 15–20 Min. backen.

Zwetschgenkuchen

Rührteig | einfach

24	**Stücke**
	Zubereitungszeit 45 Min.
	Backzeit 1 Std.
Pro Stück	**ca. 460 kcal, E 6 g, F 31 g, KH 39 g**

etwa 1,5 kg	Zwetschgen
500 g	weiche Butter
470 g	Zucker
	Salz
1	Bio-Zitrone
6	Eier
4–5 EL	Weinbrand oder Milch
375 g	Mehl
1–2 TL	Backpulver
200 g	Macadamianusskerne
200 g	Walnusskerne
4 EL	Sahne

Tipp
Funktioniert auch mit gesalzenen Macadamianüssen. Einfach unter klarem Wasser abspülen und mit Küchenkrepp trocken tupfen.

• Für den Belag die Zwetschgen abspülen, trocken tupfen, halbieren und entsteinen. Den Backofen auf 180° (Umluft 160°, Gas Stufe 3) vorheizen.

• Für den Rührteig 375 g Butter, 270 g Zucker und 1 Prise Salz mit den Quirlen des Handrührers schlagen, bis sich der Zucker gelöst hat. Die Zitrone heiß abspülen, trocken tupfen und die Schale fein abreiben. Zitronenschale, Eier und Weinbrand unter die Butter-Zucker-Masse rühren. Mehl und Backpulver mischen und ebenfalls unterrühren. Teig auf ein mit Backpapier ausgelegtes Backblech streichen. Die Zwetschgen aufrecht in den Teig stecken. Den Kuchen im vorgeheizten Backofen etwa 20 Min. vorbacken.

• Inzwischen für den Krokant die Nüsse grob hacken. Restliche Butter, Sahne und restlichen Zucker in einem Topf erhitzen, bis sich der Zucker gelöst hat. Macadamianüsse und Walnusskerne unterrühren und die Mischung mit einem Esslöffel über die Zwetschgen geben. Kuchen im Backofen bei gleicher Temperatur weitere 30–40 Min. backen. Bei Bedarf nach der Hälfte der Backzeit mit Backpapier abdecken, damit die Nüsse nicht zu dunkel werden. Den Kuchen herausnehmen, abkühlen lassen. Mit eiskalter, halb steif geschlagener Sahne servieren.

Sandkuchen

Rührteig | einfach

20	**Stücke**
	Zubereitungszeit 20 Min.
	Backzeit 1 Std.
Pro Stück	**ca. 215 kcal, E 1 g, F 13 g, KH 24 g**

275 g	Butter
3	Eier
250 g	Zucker
1 Päckchen	Vanillezucker
1 EL	Mehl
250 g	Kartoffelmehl oder Speisestärke
1 TL	Backpulver
	Fett und Mehl für die Kastenform
1 EL	Mandelblättchen zum Bestreuen

• 250 g Butter in einem Topf aufkochen lassen, dann vom Herd nehmen und abkühlen lassen.

• Den Backofen auf 180° (Umluft 160°, Gas Stufe 3) vorheizen. Eier, Zucker und Vanillezucker mit den Quirlen des Handrührers schaumig rühren. Mehl, Kartoffelmehl oder Speisestärke und Backpulver mischen und unterrühren.

• Sobald das flüssige Fett nicht mehr schäumt, die Butter langsam unter Rühren zum Teig gießen. Den Teig in eine gefettete und mit Mehl ausgestreute Kastenform (etwa 30 cm Länge) füllen. Die Mandelblättchen darüberstreuen.

• Den Kuchen im vorgeheizten Backofen etwa 50–60 Min. backen. Mit einem kleinen Holzspieß in den Teig stechen. Bleibt kein Teig mehr daran kleben, ist der Kuchen gar.

• Den Sandkuchen im geöffneten Backofen auskühlen lassen. Restliche Butter schmelzen. Kuchen vorsichtig aus der Form lösen und mit der Butter bestreichen. Zum Servieren in Scheiben schneiden.

Birnenschnitten

Mürbeteig | für Gäste

24 Stücke
Zubereitungszeit 50 Min.
Kühlzeit 1 Std.
Backzeit 55 Min.
Pro Stück ca. 265 kcal, E 5 g, F 15 g, KH 29 g

300 g	Mehl	1,5 kg	Birnen
200 g	kalte Butter	125 g	brauner Rohrzucker
100 g	Zucker	125 g	gemahlene Haselnüsse
1 Päckchen	Vanillezucker	50 g	gehackte Haselnüsse
7	Eier	50 g	Speisestärke
	Salz	2–3 EL	Haselnussblättchen oder
	Mehl zum Arbeiten		gehackte Haselnüsse
1	Bio-Zitrone		zum Bestreuen

• Für den Mürbeteig Mehl, Butter in Flöckchen, Zucker, Vanillezucker, 1 Ei und 1 Prise Salz erst mit den Knethaken des Handrührers, dann mit den Händen schnell zu einem glatten Teig verkneten. Zugedeckt für 1 Std. kalt stellen.

• Den Backofen auf 180° (Umluft 160°, Gas Stufe 3) vorheizen. Teig auf wenig Mehl rund in Größe einer großen Form (∅ etwa 38–40 cm) ausrollen (Teig und Füllung reichen auch für ein Backblech). Teig in die mit Backpapier ausgelegte Form legen und mit einer Gabel mehrmals einstechen. Im Ofen etwa 12–15 Min. auf der unteren Schiene vorbacken.

• Inzwischen für den Belag die Zitrone heiß abspülen, trocken tupfen und die Hälfte der Schale fein abreiben. Den Saft auspressen. Birnen schälen, vierteln und die Kerngehäuse herausschneiden. Birnen in schmale Spalten schneiden und mit Zitronensaft und -schale mischen.

• Restliche Eier und braunen Zucker mit den Quirlen des Handrührers dick und cremig schlagen. Gemahlene und gehackte Haselnüsse und Stärke mischen und mit einem Schneebesen unter die Eicreme heben.

• Birnenspalten auf einem Sieb kurz abtropfen lassen und auf dem Mürbeteig verteilen. Die Ei-Haselnuss-Creme darauf verstreichen. Haselnussblättchen darüberstreuen und den Kuchen im vorgeheizten Backofen etwa 35–40 Min. auf der mittleren Schiene backen.

Dazu geschlagene Sahne

Schoko-Gugelhupf

Rührteig | einfach | schnell

12	**Stücke**
	Zubereitungszeit 25 Min.
	Backzeit 40 Min.
	Ruhezeit 10 Min.
Pro Stück	ca. 365 kcal, E 8 g, F 14 g, KH 53 g

250 g	Sahne
100 g	Vollmilchkuvertüre-Chips
1 EL	Instant-Espresso-Pulver
4	Eier
250 g	Zucker
400 g	Mehl
	Meersalz
1 Päckchen	Backpulver
100 g	Schoko-Kaffeebohnen
	Fett und Semmelbrösel für die Form
	Puderzucker oder dunkle Kuchenglasur und
	Schokobohnen zum Dekorieren

• Die Sahne in einen Topf gießen, aufkochen. Topf vom Herd nehmen und die Kuvertüre-Chips in der Sahne auflösen. Espresso-Pulver unterrühren. Die Sahne kurz abkühlen lassen.

• Den Backofen auf 200° (Umluft 180°, Gas Stufe 4) vorheizen. Eier, Zucker, Mehl, ½ TL Salz und Backpulver unter die Schokosahne rühren. Die Schokobohnen hacken und unter den Teig heben.

• Eine Gugelhupfform (Inhalt etwa 2 l) fetten und mit Semmelbröseln ausstreuen. Den Teig einfüllen und im vorgeheizten Backofen etwa 40 Min. backen.

• Form aus dem Ofen nehmen, 10 Min. abkühlen lassen und dann aus der Form stürzen. Den Gugelhupf mit Puderzucker bestäuben (geht am schnellsten) oder mit geschmolzener Kuchenglasur und Schokobohnen dekorieren.

Tipp Mit einem Holzstäbchen lässt sich prüfen, ob der Kuchen gar ist. Bleibt noch Teig am Stäbchen kleben, die Backzeit verlängern. Ist das Holzstäbchen sauber, ist der Kuchen durchgebacken.

Russischer Zarentraum

Biskuit | einfach

16	**Stücke**
	Zubereitungszeit 35 Min.
	Backzeit 45 Min.
Pro Stück	ca. 305 kcal, E 6 g, F 17 g, KH 32 g

300 g	Bitterschokolade (70 % Kakaoanteil)
125 g	Butter
6	Eier
250 g	Zucker
4 EL	Mandellikör
60 g	Mehl
100 g	Vollmilchschokolade

● Den Backofen auf 180° (Umluft 160°, Gas Stufe 3) vorheizen. 250 g Bitterschokolade in kleine Stücke brechen und in eine kleine Metallschüssel geben. Butter zufügen und beides über einem heißen Wasserbad schmelzen.

● Die Eier trennen. Die Eiweiße steif schlagen. Eigelbe und Zucker mit den Quirlen des Handrührers hell und dickcremig schlagen. Den Likör und die Schokoladen-Butter-Mischung unter die Eigelbcreme rühren. Den Eischnee daraufgeben und das Mehl darübersieben.

● Beides mit einem Schneebesen unterheben und den Teig in eine am Boden mit Backpapier ausgelegte Springform (Ø 26 cm) geben. Im vorgeheizten Backofen etwa 45 Min. backen. Mit einem kleinen Holzspieß in den Teig stechen und prüfen, ob der Teig gar ist. Der Kuchen ist fertig, wenn kein Teig mehr am Holzspieß kleben bleibt. Den Kuchen herausnehmen und abkühlen lassen.

● Die restliche Bitter- und die Vollmilchschokolade in Stücke brechen, in eine kleine Metallschüssel geben und über einem heißen Wasserbad schmelzen. Den kalten Kuchen mit der flüssigen Schokolade überziehen und trocknen lassen.

Dazu geschlagene Sahne mit selbst gemachten Schokoraspeln

Donauwellen

Rührteig | braucht Zeit

24	**Stücke**
	Zubereitungszeit 1 Std. 5 Min.
	Backzeit 25 Min.
Pro Stück	**ca. 395 kcal, E 6 g, F 22 g, KH 44 g**

470 g	weiche Butter oder Margarine	575 ml	Milch
370 g	Zucker		Fett und Mehl für das Blech
8	Eier	1 Glas	Sauerkirschen (350 g Ab-
240 g	Mehl		tropfgewicht)
240 g	Speisestärke	1 Päckchen	Vanillepuddingpulver
1 Päckchen	Backpulver	75 g	Puderzucker
3 EL	Kakaopulver	200 g	dunkle Kuchenglasur

• Den Backofen auf 200° (Umluft 180°, Gas Stufe 4) vorheizen. Für den Teig 320 g Butter mit den Quirlen des Handrührers weißschaumig schlagen. 320 g Zucker dazugeben und weiterschlagen, bis sich der Zucker vollständig gelöst hat und die Creme nicht mehr knirscht.

• Die Eier nacheinander unter den Teig rühren. Mehl, Speisestärke und Backpulver mischen und unterrühren. Den Teig halbieren und eine Hälfte mit Kakao und 75 ml Milch verrühren.

• Den hellen Teig in die gefettete und mit Mehl ausgestreute Fettpfanne des Backofers streichen. Kirschen abtropfen lassen und darauf verteilen. Dunklen Teig darübergeben und glatt streichen. Den Kuchen im vorgeheizten Backofen etwa 20–25 Min. backen. Herausnehmen und abkühlen lassen.

• Inzwischen für die Buttercreme aus der restlichen Milch, Puddingpulver und dem restlichen Zucker nach Packungsanweisung einen Pudding kochen und vollständig abkühlen lassen. Die restliche Butter und den Puderzucker mit den Quirlen des Handrührers sehr schaumig schlagen. Den Pudding esslöffelweise mit den Quirlen unterrühren (Pudding und Buttermasse müssen die gleiche Temperatur haben, sonst gerinnt die Butter). Die Creme auf dem abgekühlten Boden ganz glatt verstreichen.

• Die Kuchenglasur nach Packungsanweisung schmelzen und mit einer Palette oder einem großen Messer vorsichtig auf der Creme verteilen. Mit einer gezackten Teigkarte oder einer Gabel Wellenmuster in die Glasur ziehen. Die Glasur fest werden lassen und den Kuchen in Stücke schneiden.

Obst

Denken Sie auch an herrliche Kuchen, wenn Sie ein Erdbeer-
feld sehen, einen Himbeerstrauch, eine Brombeerhecke oder
einen Zwetschgenbaum? Nein? Dann lesen Sie mal hier weiter.
Ab jetzt immer!

Rhabarberkuchen

Rührteig | einfach

24	Stücke
	Zubereitungszeit 40 Min.
	Backzeit 30 Min.
Pro Stück	ca. 295 kcal, E 4 g, F 13 g, KH 39 g

etwa 1 kg	Rhabarber
½ l	Cranberry-Sirup oder Himbeer- oder Erdbeersirup
200 g	Marzipanrohmasse
250 g	weiche Butter
175 g	Zucker
5	Eier
350 g	Mehl
1 Päckchen	Backpulver
2–3 EL	Rum oder Milch
	Fett und Mehl für das Backblech
2 Päckchen	roter Tortenguss

• Für den Belag den Rhabarber putzen, abspülen, schälen und die Stangen in etwa 10 cm lange Stücke schneiden. Rhabarberstücke auf ein Backblech legen. Den Sirup aufkochen lassen und über die Rhabarberstücke gießen. Mindestens 10 Min. ziehen lassen.

• Inzwischen den Backofen auf 180° (Umluft 160°, Gas Stufe 3) vorheizen. Für den Rührteig Marzipan auf einer Gemüsereibe grob reiben. Butter und Zucker mit den Quirlen des Handrührers cremig schlagen. Marzipan dazugeben und so lange weiterrühren, bis keine Marzipanklümpchen mehr im Teig sind.

• Die Eier unterrühren. Mehl und Backpulver mischen und nach und nach im Wechsel mit dem Rum unterrühren. Den Teig auf ein gefettetes und mit Mehl bestäubtes Backblech streichen. Die Rhabarberstücke aus dem Sirup nehmen (Sirup aufheben), in drei Streifen auf den Teig legen und leicht eindrücken. Den Kuchen im vorgeheizten Backofen etwa 25–30 Min. backen, herausnehmen und etwas abkühlen lassen.

• Vom Sirup ½ l abmessen und mit dem Tortenguss verrühren. Die Mischung unter Rühren einmal aufkochen lassen und den Guss mit einem Esslöffel über die Rhabarberstücke geben. Fest werden lassen.

Erdbeer-Minze-Striezel

Blätterteig | einfach

8	Stücke
	Zubereitungszeit 30 Min.
	Backzeit 20 Min.
Pro Stück	ca. 305 kcal, E 3 g, F 24 g, KH 18 g

3 Platten	TK-Blätterteig à 75 g
	Mehl zum Arbeiten
	getrocknete Hülsenfrüchte zum Vorbacken
500 g	Erdbeeren
400 g	Sahne
2 Päckchen	Vanillezucker
2 Päckchen	Sahnefestiger
3–4 EL	Pfefferminzlikör oder -sirup
	frische Minze für die Deko

• Die Blätterteigplatten auftauen lassen, übereinanderlegen und auf wenig Mehl zu einem Rechteck von 20 × 35 cm Größe ausrollen. Die Ränder der Längsseiten etwa 2 cm breit zur Mitte hin einschlagen. Anschließend den Blätterteigstreifen auf ein mit Backpapier ausgelegtes Backblech legen und mit einer Gabel mehrmals einstechen.

• Den Backofen auf 200° (Umluft 180°, Gas Stufe 4) vorheizen. Einen breiten Streifen Backpapier auf den Blätterteig legen und getrocknete Hülsenfrüchte darauflegen, damit sich der Teig beim Backen nicht so stark nach oben wölbt. Teigstreifen im vorgeheizten Backofen etwa 15–20 Min. backen. Hülsenfrüchte und Papier entfernen und den Blätterteig abkühlen lassen.

• Die Erdbeeren abspülen, putzen und je nach Größe halbieren oder vierteln. Die Sahne steif schlagen, Vanillezucker und Sahnefestiger mischen und nach Packungsanweisung unter die Sahne schlagen.

• Den Likör unter die Sahne rühren. Die Hälfte der Erdbeeren unter die Likörsahne rühren und in die Mitte auf den Blätterteig streichen. Restliche Erdbeeren darüberstreuen und den Striezel mit Minzeblättchen garnieren.

Tipp Den Blätterteig erst kurz vor dem Servieren mit der Sahne füllen. Der knusprige Teig weicht schnell durch.

Bakewelltorte *mit Kirschen*

Mürbeteig und Rührteig | einfach

8	**Stücke**
	Zubereitungszeit 50 Min.
	Backzeit 40 Min.
Pro Stück	**ca. 250 kcal, E 3 g, F 13 g, KH 29 g**

50 g	kalte Butter
125 g	Mehl
	Mehl zum Arbeiten
50 g	Himbeerkonfitüre
250 g	Sauerkirschen
75 g	feiner Zucker
1	Vanilleschote
50 g	Margarine
1	Ei
¼ TL	Backpulver
25 g	geschälte, gemahlene Mandeln

Tipp

Wenn es keine frischen Kirschen gibt, Sauer-kirschen aus dem Glas nehmen.

• Für den Teig die Butter in kleine Würfel schneiden und mit 100 g Mehl und 1 EL kaltem Wasser schnell mit den Händen zu einem glatten Teig verkneten.

• Den Boden einer Springform (Ø 18 cm) mit Backpapier auslegen. Den Teig auf wenig Mehl rund ausrollen (Ø etwa 22 cm), in die Form legen und mit den Fingern einen etwa 2 cm hohen Rand formen.

• Den Backofen auf 180° (Umluft 160°, Gas Stufe 3) vorheizen. Für die Füllung die Konfitüre glatt rühren und auf den Teigboden streichen. Die Kirschen ab-spülen, entsteinen und mit ⅛ l Wasser und 1 EL Zucker etwa 10 Min. bei kleiner Hitze kochen lassen. Kirschen in ein Sieb gießen, gut abtropfen lassen.

• Die Vanilleschote längs aufschneiden und das Mark mit einem spitzen Messer herauskratzen. Margarine, restlichen Zucker, Ei und Vanillemark mit den Quirlen des Handrührers schaumig schlagen. Das restliche Mehl, Backpulver und Mandeln mischen und unter den Teig rühren. Ein Drittel des Teiges auf die Konfitüre strei-chen, die abgekühlten Kirschen (oder Kirschen aus dem Glas, s. Tipp) darauf verteilen und dann mit dem restlichen Teig bedecken.

• Den Kuchen im vorgeheizten Backofen auf der zweiten Schiene von oben etwa 30–40 Min. goldbraun backen. Dann aus dem Ofen nehmen, den Formrand lösen und den Kuchen ganz abkühlen lassen.

Aprikosentarte

Mürbeteig | einfach

8	**Stücke**
	Zubereitungszeit 40 Min.
	Kühlzeit 30 Min.
	Backzeit 30 Min.
Pro Stück	**ca. 310 kcal, E 4 g, F 14 g, KH 40 g**

250 g	Mehl
125 g	kalte Butter oder Margarine
3 EL	Zucker
1	Eigelb
	Salz
750 g	Aprikosen
	Mehl zum Arbeiten
2 EL	Aprikosenkonfitüre

• Das Mehl in eine Schüssel geben. Das Fett in kleinen Flöckchen dazugeben. 1 EL Zucker, Eigelb, 1 Prise Salz und 1 EL Wasser ebenfalls dazugeben und alles zunächst mit den Knethaken des Handrührers, dann mit den Händen schnell zu einem glatten Mürbeteig verkneten. Den Teig in Frischhaltefolie wickeln und für 30 Min. in den Kühlschrank legen.

• Inzwischen die Aprikosen mit kochendem Wasser überbrühen, kalt abspülen und die Haut abziehen. Die Aprikosen halbieren, entsteinen und jede Hälfte einmal bis knapp zur Mitte hin einschneiden.

• Den Backofen auf 220° (Umluft 200°, Gas Stufe 5) vorheizen. Den Teig auf einer mit Mehl bestreuten Arbeitsfläche rund ausrollen (Ø etwa 26 cm) und eine Tarteform (Ø 24 cm) damit auslegen. Den Teig am Formrand etwas hochdrücken. Den Teigboden mehrmals mit einer Gabel einstechen.

• Die Konfitüre glatt rühren und auf den Teig streichen. Die Aprikosenhälften darauf verteilen, sodass die Spitzen vom Einschnitt nach oben zeigen, und mit dem restlichen Zucker bestreuen.

• Die Tarte im vorgeheizten Backofen etwa 30 Min. backen, bis die Spitzen der Aprikosen anfangen, braun zu werden.

Dazu geschlagene Sahne oder Vanilleeis

Johannisbeeren *auf Brioche*

Hefeteig | braucht Übung

12	Stücke		

Zubereitungszeit 40 Min.
Ruhezeit 2 Std.
Backzeit 25 Min.

Pro Stück ca. 350 kcal, E 7 g, F 16 g, KH 44 g

½ Würfel	frische Hefe (21 g)	140 g	Zucker
100 ml	lauwarme Milch	3	Eier
450 g	Mehl		Mehl zum Arbeiten
130 g	Sahne	500 g	Rote Johannisbeeren (evtl. TK)
1	Bio-Zitrone	150 g	Schmand
100 g	weiche Butter	1–2 EL	Vanillepuddingpulver (20 g)
	Salz	1 EL	Puderzucker

• Für den Briocheteig die Hefe zerbröckeln und in der Milch auflösen. 3 EL Mehl und 3 EL Sahne mit einer Gabel verrühren. Hefe-Milch-Mischung unterrühren und den Vorteig zugedeckt an einem warmen Ort etwa 30 Min. gehen lassen.

• Die Zitrone heiß abspülen, trocken tupfen und die Schale fein abreiben. Restliches Mehl, Butter, abgeriebene Zitronenschale, 1 Prise Salz, 60 g Zucker und 2 Eier in eine Schüssel geben.

• Die Hefemilch dazugeben, alles mit den Knethaken des Handrührers zu einem glatten Teig verkneten. Den Teig nochmals 1 Std. zugedeckt an einem warmen Ort gehen lassen.

• Hefeteig mit den Händen durchkneten, dann auf wenig Mehl in Größe eines Backbleches ausrollen. Hefeteig auf ein mit Backpapier ausgelegtes Backblech legen und nochmals 30 Min. zugedeckt an einem warmen Ort gehen lassen.

• Inzwischen den Backofen auf 200° (Umluft 180°, Gas Stufe 4) vorheizen. Die Johannisbeeren abspülen, mit einer Gabel von den Rispen streifen und auf dem Teig verteilen. TK-Johannisbeeren gefroren auf den Teig legen.

• Für den Guss restliche Sahne, Schmand, restliches Ei, restlichen Zucker und das Puddingpulver verrühren und über die Beeren gießen. Eventuell mit einem Löffel etwas verteilen. Den Kuchen im vorgeheizten Backofen etwa 20–25 Min. backen. In zwölf Stücke schneiden und mit Puderzucker bestäuben.

Himbeerwähe

Blätterteig | einfach

6	Stücke
	Zubereitungszeit 45 Min.
	Backzeit 14 Min.
Pro Stück	ca. 345 kcal, E 5 g, F 28 g, KH 19 g

3 Platten	TK-Blätterteig à 75 g
	Mehl zum Arbeiten
1	Ei
250 g	Himbeeren (frisch oder TK)
200 g	Sahne
2 Päckchen	Vanillezucker
300 g	Vanillejoghurt
	Puderzucker

• Die Teigplatten nebeneinander ausbreiten und auftauen lassen. Blätterteigplatten dünn mit Wasser bestreichen und aufeinanderlegen.

• Den Backofen auf 200° (Umluft 180°, Gas Stufe 4) vorheizen. Das Teigpäckchen auf einer leicht mit Mehl bestreuten Arbeitsfläche zu einem Quadrat von etwa 32 cm Seitenlänge ausrollen. Eine Tarteform (Ø 28 cm) mit Wasser abspülen.

• Die ausgerollte Blätterteigplatte in die Tarteform legen und die überstehenden Teigränder abschneiden. Das Ei verquirlen und den Blätterteig dünn damit bestreichen. Im vorgeheizten Backofen etwa 14 Min. goldbraun backen.

• Frische Himbeeren verlesen, gefrorene Früchte antauen lassen. Sahne und Vanillezucker steif schlagen und unter den Vanillejoghurt heben.

• Den gebackenen Blätterteigboden aus der Tarteform lösen und auf eine Kuchenplatte legen. Die Sahne-Vanille-Creme daraufstreichen. Die Himbeeren darüber verteilen und die Wähe mit Puderzucker bestreuen.

Tipps Die Wähe nach dem Füllen sofort servieren. Der Blätterteig weicht schnell durch und ist nach kurzer Zeit schon nicht mehr knusprig.

Eine Wähe ist eine Schweizer Spezialität und ist immer rund. Der Teig kann variieren – mal ist es Hefeteig, mal Mürbeteig oder, wie hier, Blätterteig.

Stachelbeerkuchen

Mürbeteig | einfach

12 Stücke
Zubereitungszeit 45 Min.
Kühlzeit 30 Min.
Backzeit 30 Min.
Pro Stück ca. 340 kcal, E 3 g, F 22 g, KH 33 g

200 g	Mehl	⅛ l	Apfelsaft
1 TL	Backpulver	500 g	Sahne
140 g	Zucker	2 Päckchen	Vanillezucker
135 g	Butter	1 Päckchen	Sahnefestiger
	Mehl zum Arbeiten		
500 g	Stachelbeeren oder 1 Glas Stachel-		
	beeren (390 g Abtropfgewicht)		

• Für den Mürbeteig Mehl, Backpulver, 100 g Zucker und 125 g Butter zunächst mit den Knethaken des Handrührers, dann mit den Händen rasch zu einem glatten Teig verkneten. Teig in Frischhaltefolie gewickelt für 30 Min. kalt stellen.

• Den Backofen auf 180° (Umluft 160°, Gas Stufe 3) vorheizen. Gut zwei Drittel des Teiges auf wenig Mehl rund ausrollen, einen Springformboden (Ø 26 cm) darauflegen und die überstehenden Teigränder abschneiden. Den Teigkreis auf ein mit Backpapier ausgelegtes Backblech legen und im vorgeheizten Backofen etwa 15 Min. backen. Den restlichen Teig ausrollen, ebenfalls auf dem Backblech etwa 15 Min. backen, abkühlen lassen und in kleine Stücke brechen.

• Für den Krokant restliche Butter und 2 EL Zucker in einer großen Pfanne erhitzen und die Kuchenbrösel darin unter Wenden karamellisieren lassen. Auf einem Teller abkühlen lassen.

• Für den Belag Stachelbeeren abspülen, putzen und im Apfelsaft mit dem restlichen Zucker etwa 5 Min. weich dünsten. In einem Sieb abtropfen lassen (Stachelbeeren aus dem Glas ebenfalls abtropfen lassen). Die Sahne steif schlagen. Vanillezucker und den Sahnefestiger nach Packungsanweisung dazugeben. Sahne auf den Tortenboden streichen, abgetropfte Stachelbeeren darauf verteilen und mit dem Krokant bestreuen.

Erdbeeren auf Sambuca-Sahne

Yufka-Teig | raffiniert | mit Alkohol

12	Stücke
	Zubereitungszeit 20 Min.
	Backzeit 10 Min.
Pro Stück	ca. 230 kcal, E 3 g, F 14 g, KH 22 g

3 Blätter	Yufka-Teig (240 g; türkischer Supermarkt)
80 g	Butter
3 EL	Zucker
30 g	Mandelblättchen
750 g	Erdbeeren
250 g	Sahne
1 Päckchen	Sahnefestiger
2 EL	Sambuca (italienischer Anislikör)
1 TL	Puderzucker

• Den Backofen auf 200° (Umluft 180°, Gas Stufe 4) vorheizen. 1 Blatt Yufka-Teig in die gefettete Fettpfanne des Backofens oder in eine große ofenfeste Form (28 × 35 cm) legen, dabei etwas Teig über den Formrand hängen lassen.

• Die Butter schmelzen. Teigblatt mit einem Drittel der zerlassenen Butter bestreichen und den Boden mit 1 EL Zucker und einem Drittel der Mandelblättchen bestreuen. Das zweite Teigblatt darauflegen und genauso verfahren, ebenso mit dem dritten.

• Die geschichteten Teigblätter im vorgeheizten Backofen etwa 10 Min. goldgelb backen. Herausnehmen und ganz abkühlen lassen. Inzwischen die Erdbeeren abspülen und die Stielansätze entfernen. Die Sahne zusammen mit dem Sahnefestiger nach Packungsanweisung steif schlagen und den Likör unterrühren.

• Die Sahne auf den abgekühlten Teigboden streichen und die Erdbeeren mit der spitzen Seite nach oben auf die Sahne setzen. Den Kuchen mit Puderzucker bestäuben und sofort servieren, da der Teig sonst weich wird.

Tipp Mit einem Sägemesser, besser noch mit dem elektrischen Messer in Portionsstücke schneiden.

Brombeer-Ricotta-Kuchen

Bröselteig | gut vorzubereiten

12	Stücke
	Zubereitungszeit 30 Min.
	Kühlzeit 15 Min.
	Backzeit 45 Min.
Pro Stück	ca. 285 kcal, E 7 g, F 17 g, KH 25 g

100 g	Butter	2 EL	Speisestärke
200 g	Cantuccini (italienische	3	Eier
	Mandelkekse)		Salz
½	Bio-Zitrone	400 g	Brombeeren (evtl. TK)
350 g	Ricotta	3–4 EL	Ahornsirup
300 g	Sahnejoghurt		evtl. Puderzucker zum
50 g	Zucker		Bestäuben
2 Päckchen	Vanillezucker		

• Für den Keksboden die Butter schmelzen. Die Kekse mit einem großen Messer fein hacken und mit der Butter verrühren. Die Keksmischung in eine Springform (∅ 22 oder 24 cm) geben und am Boden fest andrücken. Für etwa 15 Min. in den Kühlschrank stellen.

• Den Backofen auf 200° (Umluft 180°, Gas Stufe 4) vorheizen. Für die Quarkcreme die Zitrone heiß abspülen, trocken tupfen und die Schale fein abreiben. Ricotta und Joghurt cremig rühren. Zucker, Vanillezucker, Zitronenschale und Stärke mischen und gut unter die Quarkcreme rühren.

• Eier trennen. Eigelbe einzeln dazugeben und unterrühren. Eiweiße mit 1 Prise Salz steif schlagen und mit einem Schneebesen unter die Ricottacreme heben. Die Creme auf den Bröselboden geben und glatt streichen. Kuchen im vorgeheizten Ofen 35–45 Min. backen. Herausnehmen und in der Form vollständig abkühlen lassen. Brombeeren verlesen, abspülen, trocken tupfen und den Kuchen dick damit belegen. Kurz vor dem Servieren mit Ahornsirup beträufeln und eventuell etwas Puderzucker darüberstäuben.

Tipps Der Boden kann statt mit Cantuccini mit Butterkeksen oder Löffelbiskuits zubereitet werden.

Feine Beeren nach dem Abspülen auf einem mit Küchenkrepp ausgelegten Tablett ausbreiten und leicht rütteln. Dadurch rollen die Früchte hin und her, und das Küchenkrepp saugt das anhaftende Wasser auf.

Mokka-Kirsch-Biskuit

Biskuit | einfach

25	Stücke		
	Zubereitungszeit 35 Min.		
	Abkühlzeit 30 Min.		
	Backzeit 15 Min.		
Pro Stück	ca. 290 kcal, E 5 g, F 18 g, KH 27 g		

6	Eier	3 Gläser	Schattenmorellen
225 g	Zucker		(à 350 g Abtropfgewicht)
200 g	geschälte, gemahlene Mandeln	3 Päckchen	Sahnepuddingpulver
30 g	Mehl	3 Päckchen	Vanillezucker
30 g	Speisestärke		Zucker zum Abschmecken
1 TL	Backpulver	1 kg	Sahne
	Zucker zum Stürzen	2–3 TL	lösliches Kaffeepulver
evtl. 4–5 EL	Mandellikör zum Beträufeln		

• Den Backofen auf 180° (Umluft 160°, Gas Stufe 3) vorheizen. Für den Biskuit Eier und Zucker mit den Quirlen des Handrührers dick und cremig schlagen. Mandeln, Mehl, Stärke und Backpulver mischen und locker unterheben. Biskuitmasse auf ein mit Backpapier ausgelegtes Backblech streichen. Im vorgeheizten Backofen etwa 12–15 Min. backen.

• Biskuit auf ein mit Zucker bestreutes Küchentuch stürzen. Das Backpapier abziehen und auf dem Biskuit liegen lassen. Abkühlen lassen. Die Biskuitplatte auf eine Kuchenplatte legen, mit einem eckigen variablen Tortenrand umlegen und eventuell den Likör darüberträufeln.

• Für den Kirschbelag die Kirschen in einem Sieb abtropfen lassen, den Saft auffangen. 150 ml Kirschsaft und das Puddingpulver glatt rühren. Restlichen Kirschsaft aufkochen, Puddingpulver in den kochenden Saft rühren und nochmals aufkochen lassen.

• Topf vom Herd nehmen und die Kirschen unterrühren. Den Vanillezucker dazugeben und die Kirschen mit Zucker abschmecken. Kirschkompott auf den Biskuit streichen, ganz abkühlen lassen.

• Die Sahne in zwei Portionen steif schlagen. Dazu in eine Portion das Kaffeepulver geben und mit steif schlagen. Weiße Sahne und Mokkasahne im Wechsel als Kleckse auf die Kirschen geben und etwas verstreichen, sodass es marmoriert und wellig aussieht. Den Kuchen bis zum Servieren kalt stellen.

Zwetschgenstreifen

Blätterteig | einfach

20	Stücke
	Zubereitungszeit 35 Min.
	Auftauzeit 15 Min.
	Backzeit 15 Min.
Pro Stück	ca. 100 kcal, E 2 g, F 6 g, KH 9 g

4 Platten	TK-Blätterteig à 75 g
1	Ei
100 g	Marzipanrohmasse
400 g	Zwetschgen
	Mehl zum Arbeiten
20 g	gehackte Mandeln

• Die Blätterteigplatten zum Auftauen nebeneinander auf die Arbeitsfläche legen. Das Ei verquirlen und 1 EL davon beiseitestellen. Die Marzipanrohmasse auf einer Gemüsereibe grob reiben. Die Marzipanraspel und das restliche Ei glatt rühren. Die Zwetschgen abspülen, halbieren und entsteinen. Zwetschgenhälften in Spalten schneiden.

• Den Backofen auf 220° (Umluft 200°, Gas Stufe 5) vorheizen. Die Teigplatten einzeln auf einer mit Mehl bestreuten Arbeitsfläche in Längsrichtung auf 30 cm Länge ausrollen. Die Teigränder etwa 2 cm breit mit dem restlichen verquirlten Ei bestreichen. Auf jeder Längsseite einen 1 cm breiten Streifen abschneiden und mit der bestrichenen Seite nach oben als Begrenzung auf den Blätterteigrand legen und andrücken. Mit gehackten Mandeln bestreuen. Die Teigstreifen auf ein mit Backpapier ausgelegtes Backblech legen.

• Blätterteigstreifen in der Mitte mit der Marzipancreme bestreichen, dabei die Ränder frei lassen. Zwetschgenspalten auf die Creme legen. Im vorgeheizten Backofen auf der untersten Schiene etwa 15 Min. backen. Auf einem Kuchengitter abkühlen lassen und jeden Streifen in etwa fünf Stücke schneiden.

Dazu geschlagene Sahne

Tipps Wenn die Früchte sehr sauer sind, eventuell noch etwas braunen Zucker über die Früchte streuen.

Der Kuchen kann auch mit Pflaumen gebacken werden, das Fruchtfleisch löst sich allerdings oftmals nur schwer vom Stein.

Klassiker

Tarte Tatin

Irgendwie müssen die Schwestern Tatin etwas falsch verstanden haben. Erst den Belag, dann den Teig – so haben sie den Apfelkuchen gebacken. Ein Glück, sonst wären wir vielleicht nie in den Genuss dieses französischen Klassikers gekommen!

12	**Stücke**
	Zubereitungszeit 40 Min.
	Kühlzeit 30 Min.
	Backzeit 20 Min.
Pro Stück	**ca. 185 kcal, E 2 g, F 9 g, KH 23 g**

200 g	Mehl
120 g	kalte Butter
80 g	Zucker
	Salz
1	Ei
2–3	Äpfel
	Mehl zum Arbeiten

• Für den Mürbeteig Mehl, 100 g Butter in Flöckchen, 50 g Zucker, 1 Prise Salz und das Ei zunächst mit den Knethaken des Handrührers, dann mit den Händen schnell zu einem glatten Teig verkneten. Den Teig in Frischhaltefolie wickeln und für 30 Min. kalt stellen.

• Inzwischen für den Karamell restlichen Zucker und restliche Butter in einer Pfanne bei großer Hitze goldbraun karamellisieren lassen. Flüssigen Karamell auf zwei Tarteformen (∅ 18–20 cm) verteilen und fest werden lassen (Step 1).

• Für den Belag Äpfel schälen, vierteln und das Kerngehäuse herausschneiden. Äpfel in sehr dünne Spalten schneiden und schuppenartig auf dem Karamell verteilen (Step 2).

• Den Backofen auf 200° (Umluft 180°, Gas Stufe 4) vorheizen. Mürbeteig in zwei Portionen teilen. Jede Portion auf wenig Mehl rund und 2–3 cm größer als die Formen ausrollen. Mürbeteig auf die Äpfel legen und dabei die Teigränder an den Seiten mit einem Messer etwas nach unten auf den Formboden drücken (Step 3). Die Tartes im vorgeheizten Backofen etwa 18–20 Min. backen. Etwas abkühlen lassen und auf kleine Tortenplatten stürzen.

Dazu Vanilleeis oder geschlagene Sahne

Tipp
Lauwarm schmeckt die Tarte
am besten.

Pfirsichstrudel

Strudelteig | braucht Übung

8	**Stücke**		
	Zubereitungszeit 45 Min.		
	Ruhezeit 30 Min.		
	Backzeit 45 Min.		
Pro Stück	**ca. 415 kcal, E 10 g, F 24 g, KH 34 g**		

200 g	Mehl	50 g	Zucker
	Salz	250 g	Frischkäse
4 EL	Sonnenblumenöl	40 g	Butter zum Bestreichen
	Mehl zum Arbeiten	20 g	Pinienkerne
750 g	Pfirsiche	70 g	Amaretti (italienische
3	Eier		Mandelkekse)

• Für den Strudelteig Mehl, ½ TL Salz, Öl und 100 ml lauwarmes Wasser zunächst mit den Knethaken des Handrührers, dann mit den Händen zu einem glatten Teig kneten. Teig auf der leicht bemehlten Arbeitsfläche kräftig durchkneten, bis er elastisch ist. Teig zu einer Kugel formen und unter einem heiß ausgespülten Topf etwa 30 Min. ruhen lassen. Anschließend ein Geschirrtuch mit Mehl bestreuen und den Teig darauf etwa ½ cm dick ausrollen. Die Hände mit den Handflächen nach unten unter den Teig schieben. Den Teig von der Mitte aus über die Handrücken zu einem Rechteck (etwa 55 × 40 cm) auseinanderziehen. Dickere Ränder mit den Fingern ausziehen. Der Teig sollte so dünn sein, dass man eine darunterliegende Zeitung lesen könnte.

• Für die Füllung Pfirsiche abspülen, trocken tupfen, vierteln, entsteinen und in schmale Spalten schneiden. Eier trennen. Eigelbe und Zucker mit den Quirlen des Handrührers schaumig schlagen. Frischkäse unterrühren. Die Eiweiße steif schlagen und unterheben.

• Den Backofen auf 200° (Umluft 180°, Gas Stufe 4) vorheizen. Die Butter schmelzen und den ausgezogenen Strudelteig mit der Hälfte davon bestreichen. Frischkäsecreme auf den Teig klecksen, dabei rundherum einen etwa 5 cm breiten Rand frei lassen. Pinienkerne in einer Pfanne ohne Fett rösten. Die Amaretti in einen Gefrierbeutel geben und mit einem Nudelholz zerbröseln. Pinienkerne mit den Amarettibröseln auf der Frischkäsecreme verteilen. Mit den Pfirsichen belegen. Teigbreitseiten über die Füllung schlagen. Teig mit Hilfe des Geschirrtuches locker aufrollen und mit der letzten Umdrehung mit der Naht nach unten auf ein mit Backpapier ausgelegtes Backblech rollen. Strudel mit der restlichen Butter bestreichen. Im vorgeheizten Ofen etwa 45 Min. backen.

Apfeltarte

Mürbeteig | für Gäste | preiswert

16	**Stücke**
	Zubereitungszeit 40 Min.
	Kühlzeit 30 Min.
	Backzeit 50 Min.
Pro Stück	**ca. 230 kcal, E 3 g, F 12 g, KH 26 g**

250 g	Mehl
150 g	kalte Butter
125 g	Zucker
3	Eier
	Fett für die Form
	Mehl zum Arbeiten
1 kg	Äpfel
½	Vanilleschote
150 g	Sahne
	Puderzucker zum Bestäuben

• Für den Teig Mehl, Butter, 75 g Zucker und 1 Ei zunächst mit den Knethaken des Handrührers, dann mit den Händen schnell zu einem glatten Mürbeteig verkneten. Den Teig in Frischhaltefolie wickeln und 30 Min. bei Zimmertemperatur ruhen lassen.

• Eine Springform (Ø 28 cm) oder eine Tarteform mit Rand fetten oder mit Backpapier auslegen. Den Teig auf wenig Mehl rund ausrollen und die Form damit auslegen, dabei einen etwa 2 cm hohen Rand formen. Den Teigboden mehrfach mit einer Gabel einstechen.

• Den Backofen auf 200° (Umluft 180°, Gas Stufe 4) vorheizen. Für den Belag die Äpfel schälen, vierteln und das Kerngehäuse herausschneiden. Apfelviertel in dünne Scheiben schneiden und den Teig gleichmäßig damit belegen. Apfeltarte im vorgeheizten Backofen etwa 45–50 Min. backen.

• Die Vanilleschote längs aufschneiden und das Mark mit einem spitzen Messer herauskratzen. Sahne, 2 Eier, restlichen Zucker und ausgekratztes Vanillemark verrühren. Die Eiersahne nach 30 Min. Backzeit über die Äpfel gießen und die Tarte weitere 15–20 Min. backen. Apfeltarte abkühlen lassen und kurz vor dem Servieren mit Puderzucker bestäuben.

Dazu halb steif geschlagene Sahne

Gedeckter Apfelkuchen

Mürbeteig | einfach

16 Stücke
Zubereitungszeit 45 Min.
Kühlzeit 1 Std.
Backzeit 35 Min.
Pro Stück ca. 335 kcal, E 3 g, F 14 g, KH 47 g

300 g	Mehl	250 g	feines Apfelmus (aus dem Glas)
30 g	Zucker		
90 g	kalte Butter	80 g	feiner Kandiszucker
90 g	kaltes Schweineschmalz oder Butter	100 g	gehackte Mandeln
	Mehl zum Arbeiten	1–2 TL	Zimtpulver
100 g	Rosinen	1 Msp.	gemahlene Nelken
3 EL	Rum oder Apfelsaft		Fett für die Form
600 g	säuerliche Äpfel (z. B. Boskop)	250 g	Puderzucker
70 ml	Zitronensaft		

• Für den Teig Mehl, Zucker, Butter, Schmalz und 40 ml kaltes Wasser in eine Rührschüssel geben und mit den Knethaken des Handrührers verrühren. Den Teig auf eine mit Mehl bestreute Arbeitsfläche geben und mit den Händen schnell zu einem glatten Teig verkneten. Teig in Frischhaltefolie wickeln und für 1 Std. kalt stellen.

• Inzwischen für die Füllung die Rosinen mit Rum oder Apfelsaft mischen und etwa 30 Min. ziehen lassen. Die Äpfel schälen, vierteln und das Kerngehäuse entfernen. Die Apfelviertel auf dem Gurkenhobel oder in der Küchenmaschine in dünne Scheiben hobeln. Apfelscheiben mit 50 ml Zitronensaft beträufeln.

• Den Backofen auf 200° (Umluft 180°, Gas Stufe 4) vorheizen. Apfelmus mit Kandiszucker, Mandeln und Gewürzen mischen und mit den Apfelscheiben und den eingeweichten Rosinen verrühren.

• Den Teig halbieren und jede Portion auf einer mit Mehl bestreuten Arbeitsfläche rund ausrollen (⌀ 30 cm). Eine große Tarteform (⌀ 30 cm) ausfetten und eine Teigplatte hineinlegen. Apfelfüllung daraufgeben, glatt streichen und mit der anderen Teigplatte bedecken. Den Kuchen im vorgeheizten Backofen etwa 35 Min. backen. Herausnehmen und auf einem Kuchengitter abkühlen lassen.

• Puderzucker und restlichen Zitronensaft zu einem dickflüssigen Guss verrühren und mit einer Palette oder einem Messerrücken auf den Kuchen streichen. Den Kuchen am besten über Nacht durchziehen lassen.

Torten

Eine Torte ist ein feiner Kuchen, der mit Creme, Früchten, Konfitüre, Sahne oder Baiser gefüllt bzw. geschichtet und danach verziert wird. Ach was, eine Torte ist ein Gedicht!

Rhabarber-Baiser-Torte

Baiser | braucht Zeit

6	Stücke
	Zubereitungszeit 35 Min.
	Backzeit 2 Std. 30 Min.
Pro Stück	ca. 345 kcal, E 7 g, F 14 g, KH 46 g

3	Eiweiße
180 g	Zucker
80 g	Puderzucker
1	Vanilleschote
300 g	Rhabarber
200 g	Quark (20 % Fett)
200 g	Sahne
1 EL	Mandelstifte

• Den Backofen auf 120° (Umluft 100°, Gas Stufe 1) vorheizen. Für das Baiser Eiweiße mit den Quirlen des Handrührers steif schlagen. 80 g Zucker langsam einrieseln lassen und weiterschlagen, bis sich der Zucker aufgelöst hat.

• Den Puderzucker auf den Eischnee sieben und vorsichtig mit einem Schneebesen unterheben. Die Baisermasse in einen Spritzbeutel mit großer Lochtülle füllen. Einen runden Fladen (∅ 18 cm) auf ein mit Backpapier belegtes Backblech spritzen und einen 3 cm hohen Rand daraufspritzen. Im vorgeheizten Backofen etwa 2–2 ½ Std. trocknen lassen.

• Für die Füllung die Vanilleschote längs aufschneiden und das Mark mit einem spitzen Messer herauskratzen. Rhabarber putzen, abspülen, schälen, in Stücke schneiden und in 150 ml Wasser zusammen mit der ausgekratzten Vanilleschote und 50 g Zucker 3 Min. kochen lassen. Die Rhabarberstückchen in einem Sieb abtropfen lassen.

• Vanillemark, restlichen Zucker und Quark verrühren. Sahne steif schlagen und unter die Quarkcreme heben. Quarkcreme und Rhabarberstücke in das Baiser füllen. Mandelstifte in einer Pfanne ohne Fett goldbraun rösten, herausnehmen, abkühlen lassen und über die Füllung streuen.

Tipps Nach dem Füllen die Torte bald servieren, damit der Baiserboden nicht durchweicht.

Beim Trocknen des Baisers am besten einen Kochlöffel in die Backofentür klemmen, dann kann die Feuchtigkeit besser entweichen.

Käsesahnetorte

Biskuit | einfach

5	Eier	2	Limetten
275 g	Zucker	200 ml	Milch
1 Päckchen	Bourbon-Vanillezucker	4	frische Eigelbe
75 g	Mehl	2 Päckchen	Vanillezucker
75 g	Speisestärke	2	frische Eiweiße
¼ TL	gemahlener Kardamom	250 g	Sahne
500 g	Schichtkäse	30 g	Puderzucker
6 Blatt	weiße Gelatine		

12 Stücke
Zubereitungszeit 50 Min.
Backzeit 30 Min.
Kühlzeit mindestens 3 Std.
Pro Stück ca. 335 kcal, E 11 g, F 13 g, KH 44 g

• Backofen auf 180° (Umluft 160°, Gas Stufe 3) vorheizen. Für den Biskuit Eier trennen. Eiweiße und 3 EL Wasser steif schlagen. 125 g Zucker und den Bourbon-Vanillezucker einrieseln lassen und weiterschlagen, bis sich der Zucker gelöst hat. Eigelbe unterschlagen. Mehl, Speisestärke und Kardamom mischen und auf die Biskuitmasse sieben. Vorsichtig unterheben und in eine am Boden mit Backpapier ausgelegte Springform (⌀ 24 cm) füllen. Im vorgeheizten Backofen etwa 25–30 Min. backen. Abkühlen lassen.

• Für die Füllung Schichtkäse in einem Sieb abtropfen lassen. Gelatine in kaltem Wasser einweichen. Limetten heiß abspülen, trocken tupfen und die Schale abreiben. Den Saft auspressen. Milch und Limettenschale aufkochen. Eigelbe, restlichen Zucker und Vanillezucker mit den Quirlen des Handrührers dick und cremig schlagen. Die kochende Milch unterrühren und die Mischung in den Topf füllen. Unter Rühren erwärmen, jedoch nicht mehr kochen lassen. Die Gelatine gut ausdrücken, in der Creme auflösen und abkühlen lassen. Schichtkäse und Limettensaft unterrühren. Eiweiße und Sahne getrennt steif schlagen. Sobald die Creme fest zu werden beginnt, Eischnee und Sahne unterheben.

• Den Tortenboden zweimal waagerecht durchschneiden. Um den unteren Boden einen Springform- oder Tortenrand legen. Die Hälfte der Füllung daraufstreichen. Einen Boden darüberlegen, leicht andrücken und die restliche Füllung daraufgeben. Den letzten Boden auflegen, leicht andrücken. Die Torte im Kühlschrank mindestens 3 Std. kalt stellen und zum Servieren dick, eventuell streifenartig (dafür Papierstreifen auflegen), mit Puderzucker bestäuben.

Klassiker

Erdbeer-Sahne-Torte

Herzlichen Glückwunsch allen, die in der Erdbeerzeit Geburtstag haben. Die bekommen ab jetzt diese Torte zum Geburtstag gebacken.

16	**Stücke**
	Zubereitungszeit 1 Std. 20 Min.
	Backzeit 30 Min.
Pro Stück	**ca. 395 kcal, E 5 g, F 26 g, KH 36 g**

4	Eier		2 TL	Backpulver
150 g	Zucker		1,5 kg	Erdbeeren
6 Päckchen	Vanillezucker		1,25 kg	Sahne
100 g	Mehl		3 EL	Orangenlikör oder -saft
100 g	Speisestärke		6 EL	Zuckersirup

• Den Backofen auf 180° (Umluft 160°, Gas Stufe 3) vorheizen. Für den Biskuit Eier, Zucker und 1 Päckchen Vanillezucker mit den Quirlen des Handrührers mindestens 6 Min. dick und cremig schlagen. Mehl, Stärke und Backpulver mischen, darübersieben und mit einem Schneebesen locker unterheben. Biskuit in eine am Boden mit Backpapier ausgelegte Springform (Ø 24 cm) füllen und im vorgeheizten Backofen etwa 25–30 Min. backen. Biskuit in der Form auskühlen lassen, aus der Form lösen und zweimal waagerecht durchschneiden.

• Für die Füllung acht schöne Erdbeeren zum Verzieren beiseitelegen, restliche Erdbeeren abspülen und putzen. Sechs Erdbeeren in Stücke schneiden. Die Sahne in fünf Portionen steif schlagen, dabei 1 Päckchen Vanillezucker je 250 g Sahne einrieseln lassen. Steif geschlagene Sahneportionen kalt stellen. Dann die Sahne in einen Spritzbeutel mit großer Lochtülle geben.

• Den unteren Biskuitboden auf eine Platte geben. Orangenlikör und Sirup mischen und den Biskuit mit der Hälfte dieser Mischung beträufeln. Einen etwa 2 cm hohen Sahnering auf die Torte spritzen (Step 1). Die ganzen Erdbeeren mit der Spitze nach oben auf den Boden setzen und mit Sahne bestreichen.

• Den zweiten Biskuitboden auf die Torte legen (Step 2), mit dem restlichen Sirup beträufeln und einen etwa 2 cm hohen Sahnering daraufspritzen. Boden mit Erdbeerstücken belegen und mit Sahne bestreichen. Den dritten Biskuitboden darauflegen und mit Sahne bestreichen. Sahne rundum an den Tortenrand spritzen und glatt streichen (Step 3). Die Torte mit Sahnetupfen und den beiseitegelegten, halbierten Erdbeeren verzieren.

1

2

3

Biskuitrolle mit Likörcreme

Biskuit | einfach

12	**Stücke**		
	Zubereitungszeit 45 Min.		
	Backzeit 10 Min.		
Pro Stück	**ca. 305 kcal, E 7 g, F 15 g, KH 31 g**		

4	Eier	⅜ l	Milch
	Salz	1 Päckchen	Vanillepuddingpulver
125 g	Zucker	⅛ l	Eierlikör
2 Päckchen	Vanillezucker	3 Blatt	weiße Gelatine
2	Eigelb	500 g	Beeren (Heidelbeeren,
125 g	Mehl		Erdbeeren, Himbeeren)
½ TL	Backpulver	400 g	Sahne
	Zucker zum Stürzen		Minzeblättchen

• Den Backofen auf 200° (Umluft 180°, Gas Stufe 4) vorheizen. Für den Biskuit die Eier trennen. Eiweiße mit 2 EL Wasser und 1 Prise Salz steif schlagen. 75 g Zucker und 1 Päckchen Vanillezucker einrieseln lassen und weiterschlagen, bis sich der Zucker gelöst hat. Alle Eigelbe unterrühren. Mehl und Backpulver mischen, darübersieben und mit einem Schneebesen vorsichtig unterheben.

• Den Biskuit auf ein mit Backpapier ausgelegtes Backblech streichen und im vorgeheizten Backofen etwa 8–10 Min. backen. Biskuit auf ein mit Zucker bestreutes Küchentuch stürzen und sofort das Backpapier abziehen. Die Biskuitplatte mit dem Tuch aufrollen und abkühlen lassen.

• Für die Füllung 4 EL Milch und Puddingpulver verrühren. Restliche Milch und 40 g Zucker aufkochen, Puddingpulver einrühren, aufkochen lassen und den Likör unterrühren. Die Gelatine nach Packungsanweisung in kaltem Wasser einweichen, ausdrücken und in der warmen Creme auflösen. Creme kalt stellen.

• Die Beeren abspülen, trocken tupfen und eventuell putzen. Die Sahne mit restlichem Zucker und restlichem Vanillezucker steif schlagen. Sobald die Eierlikörcreme zu gelieren beginnt, die Hälfte der Sahne und zwei Drittel der Früchte unterheben. Den Biskuit abrollen, Creme auf den Biskuit streichen und mit der Füllung wieder aufrollen. Die Rolle mit der restlichen Sahne rundherum bestreichen und mit den restlichen Früchten und Minzeblättchen verzieren.

Schokoladen-Kirsch-Torte

Rührteig | raffiniert

12 Stücke
Zubereitungszeit 50 Min.
Backzeit 30 Min.
Pro Stück ca. 380 kcal, E 5 g, F 21 g, KH 41 g

100 g	Mehl	600 g	Süßkirschen
30 g	Speisestärke	2 EL	Zitronensaft
50 g	Amaretti (italienische Mandel-kekse)	40 ml	Kirschwasser
3 TL	Backpulver	1 Päckchen	roter Tortenguss
1 EL	Kakaopulver	300 g	Sahne
170 g	Zucker	1 Päckchen	Vanillezucker
3	Eier	1 Päckchen	Sahnefestiger
125 g	weiche Butter oder Margarine	50 g	Schokoladenraspel

• Den Backofen auf 180° (Umluft 160°, Gas Stufe 3) vorheizen. Für den Teig Mehl, Speisestärke, Amaretti-Kekse, Backpulver, Kakao, 150 g Zucker, Eier und Fett in eine Schüssel geben und mit den Quirlen des Handrührers zu einem glatten Teig verrühren. Den Teig in eine am Boden mit Backpapier ausgelegte Springform (∅ 24 cm) geben, glatt streichen und im vorgeheizten Backofen etwa 30 Min. backen. Auskühlen lassen.

• Inzwischen die Kirschen abspülen und etwa 16 Stück davon zum Garnieren beiseitelegen. Restliche Kirschen entstielen und entsteinen. Zitronensaft und Kirschwasser aufkochen lassen und die entsteinten Kirschen darin etwa 5 Min. bei kleiner Hitze dünsten. Die Kirschen in einem Sieb abtropfen lassen und den Saft dabei auffangen. Den Saft mit Wasser auf 250 ml Flüssigkeit auffüllen. Den Tortenguss mit restlichem Zucker und der Kirschflüssigkeit verrühren und unter Rühren aufkochen lassen. Die Kirschen unterheben.

• Abgekühlten Kuchen muldenartig aushöhlen und den ausgelösten Teig zerkrümeln. Angedickte Kirschen bergartig in die ausgehöhlte Teigmulde geben. Sahne, Vanillezucker und Sahnefestiger steif schlagen und die Kuchenkrümel unterheben. Die Krümelsahne kuppelförmig über den Kuchen streichen und mit Schokoladenraspeln und den zurückgelegten Kirschen verzieren.

Apfelmustorte

Rührteig | braucht Zeit

16	**Stücke**
	Zubereitungszeit 30 Min.
	Backzeit 1 Std. 15 Min.
Pro Stück	**ca. 385 kcal, E 4 g, F 23 g, KH 39 g**

300 g	weiche Butter
300 g	Zucker
1 Päckchen	Vanillezucker
6	Eier
150 g	Speisestärke
150 g	Mehl
2 TL	Backpulver
250 g	Crème fraîche
500 g	Apfelmus
1 EL	Calvados
	Puderzucker zum Bestäuben

• Den Backofen auf 180° (Umluft 160°, Gas Stufe 3) vorheizen. Für die Böden Butter, Zucker und Vanillezucker mit den Quirlen des Handrührers hell und cremig schlagen. Die Eier unter die Buttermischung rühren. Stärke, Mehl und Backpulver mischen und nach und nach unter den Teig rühren.

• Auf ein mit Backpapier ausgelegtes Backblech einen Springformrand (∅ 26 cm) als Schablone legen. Etwa ein Fünftel des Teiges darin gleichmäßig verstreichen, dann den Tortenrand entfernen.

• Teig im vorgeheizten Backofen etwa 10–15 Min. goldgelb backen. Wie beschrieben nacheinander vier weitere Böden backen, bis der Teig verbraucht ist. Alle Böden abkühlen lassen.

• Für die Füllung Crème fraîche, Apfelmus und Calvados cremig rühren. Vier Böden mit der Apfelmuscreme bestreichen und übereinandersetzen. Den fünften Boden darauflegen und mit Puderzucker bestäuben.

Tipp Wer auf Calvados verzichten möchte, lässt ihn einfach weg oder nimmt stattdessen 1 EL Orangensaft.

Piña-Colada-Torte

Biskuit | mit Alkohol

10	**Stücke**
	Zubereitungszeit 1 Std. 10 Min.
	Backzeit 20 Min.
	Kühlzeit 12 Std.
Pro Stück	ca. 400 kcal, E 4 g, F 19 g, KH 53 g

2	Eier	400 ml	Kokosmilch (aus der Dose)
200 g	Zucker	1 Päckchen	Vanillepuddingpulver
1 TL	flüssiges Zitronenaroma	80 g	Kokosraspel
100 g	Mehl	4 EL	Kokossirup
1 TL	Backpulver	400 g	Sahne
1 Dose	Ananas (340 g Abtropfgewicht)	2 Päckchen	Sahnefestiger
100 g	Preiselbeerkonfitüre		evtl. frisches Kokosnussfleisch
1 EL	Limettensirup		Physalis-Früchte
2 EL	Orangenlikör		

• Backofen auf 180° (Umluft 160°, Gas Stufe 3) vorheizen. Für den Biskuit die Eier trennen. Eiweiße steif schlagen, 100 g Zucker einrieseln lassen und weiterschlagen, bis er sich aufgelöst hat. Eigelbe und Zitronenaroma unterrühren. Mehl und Backpulver mischen, darübersieben und mit einem Schneebesen unterheben. Teig in eine am Boden mit Backpapier ausgelegte Springform (Ø 20 cm) geben. Im Backofen etwa 20 Min. backen, abkühlen lassen.

• Für den Belag die Ananas abtropfen lassen, Saft auffangen. Die Hälfte der Ananas pürieren (Rest eventuell für die Deko verwenden) und mit Preiselbeeren und 1 EL Limettensirup verrühren. Biskuit umgedreht auf eine Tortenplatte legen, Springformrand darumlegen. Biskuit mit Likör beträufeln, die Ananas-Preiselbeer-Mischung daraufstreichen. Kokosmilch mit dem aufgefangenen Ananassaft auf ½ l auffüllen. 6 EL davon mit dem Puddingpulver verrühren. Restliche Flüssigkeit und 100 g Zucker aufkochen. Puddingpulver einrühren, 50 g Kokosraspel und 2 EL Kokossirup unterrühren, alles etwa 1 Min. kochen. Creme ganz erkalten lassen, durchrühren. 200 g Sahne und 1 Päckchen Sahnefestiger nach Packungsangabe steif schlagen. Mit dem restlichen Kokossirup unter die Creme rühren. Mischung auf den Biskuit streichen, über Nacht kalt stellen.

• Für die Dekoration restliche Kokosraspel in einer Pfanne ohne Fett goldbraun rösten, abkühlen lassen. Restliche Sahne und 1 Päckchen Sahnefestiger steif schlagen, Tortenrand damit bestreichen. Kokosraspel an den Tortenrand streuen. Torte mit frischer Kokosnuss, Ananasstückchen und Physalis-Früchten verzieren.

Friesenwaffeltorte

Rührteig | einfach

8	**Stücke**
	Zubereitungszeit 50 Min.
Pro Stück	**ca. 390 kcal, E 5 g, F 22 g, KH 42 g**

2	Eier
100 g	Butter oder Margarine
75 g	Zucker
100 g	Mehl
	Salz
1 TL	Backpulver
1 TL	Zimtpulver
100 ml	Milch
	Fett für das Waffeleisen
250 g	Pflaumenmus
evtl. 1 EL	Zwetschgenwasser
250 g	Sahne
1 Päckchen	Sahnefestiger
1 Päckchen	Vanillezucker
	Puderzucker zum Bestäuben

• Für die Waffeln die Eier trennen. Fett, Zucker und Eigelbe mit den Quirlen des Handrührers schaumig schlagen. Mehl mit 1 Prise Salz, Backpulver und Zimt mischen und abwechselnd mit der Milch unter den Teig rühren.

• Die Eiweiße steif schlagen und mit einem Schneebesen locker unter den Teig heben. Waffeleisen einfetten und nacheinander aus dem Teig vier Herzwaffeln backen. Die Waffeln auf einem Kuchengitter auskühlen lassen.

• Inzwischen für die Füllung das Pflaumenmus eventuell mit dem Zwetschgenwasser verrühren. Die Sahne, Sahnefestiger und Vanillezucker nach Packungsangabe steif schlagen. Die Waffeln bis auf eine zuerst mit Pflaumenmus, dann mit Sahne bestreichen und zu einem Turm schichten.

• Die Waffeltorte vor dem Servieren dünn mit Puderzucker bestäuben und am besten mit einem Elektromesser in Stücke schneiden.

Tipps Statt mit Pflaumenmus schmecken die Waffeln auch mit einer Himbeer-Sahne-Füllung. Den Teig dann allerdings ohne Zimt zubereiten.

Beim Schneiden nicht so sehr drücken, sonst quillt die Füllung heraus.

Mandarinen-Baiser-Torte

Rührteig und Baiser | einfach

12	**Stücke**
	Zubereitungszeit 1 Std.
	Backzeit 35 Min.
Pro Stück	ca. 430 kcal, E 6 g, F 29 g, KH 37 g

125 g	weiche Butter
225 g	feiner Zucker
4	Eier
125 g	Mehl
1 TL	Backpulver
100 g	gemahlene Haselnüsse
3 Dosen	Mandarinen (à 175 g Abtropfgewicht)
500 g	Sahne
1 Päckchen	Vanillezucker

• Den Backofen auf 180° (Umluft 160°, Gas Stufe 3) vorheizen. Für den Boden die Butter und 125 g Zucker mit den Quirlen des Handrührers hell und cremig schlagen. Eier trennen. Eigelbe unterrühren. Mehl und Backpulver mischen, darübersieben und unterrühren. Den Teig in eine am Boden mit Backpapier ausgelegte Blüten- oder Springform (∅ 26 cm) streichen.

• Für das Baiser die Eiweiße steif schlagen, den restlichen Zucker einrieseln lassen und so lange weiterschlagen, bis der Zucker sich aufgelöst hat. Die Haselnüsse darüberstreuen und mit einem Schneebesen vorsichtig unterheben. Das Nussbaiser auf den Rührteig streichen und den Boden im vorgeheizten Backofen etwa 30–35 Min. backen. Den Boden abkühlen lassen. Dann aus der Form lösen und einmal waagerecht halbieren. Den oberen Baiserboden in zwölf Tortenstücke schneiden, beiseitelegen. Um den unteren Boden den Formrand legen.

• Für die Füllung die Mandarinen abtropfen lassen und bis auf einige Früchte zum Verzieren auf dem unteren Boden verteilen. Die Sahne steif schlagen, mit Vanillezucker abschmecken und etwa 6 EL davon in einen Spritzbeutel mit Sterntülle füllen. Restliche Sahne auf die Mandarinen streichen. Dann zwölf Sahnetupfen auf die Torte spritzen und die Kuchenstücke des oberen Baiserbodens schräg auf die Tupfen legen. Restliche Sahne in die Tortenmitte spritzen und mit den restlichen Mandarinen verzieren.

Brombeer-Zebratorte

Mürbeteig und Biskuit | braucht Übung

16	**Stücke**
	Zubereitungszeit 1 Std.
	Backzeit 18 Min., Kühlzeit 12 Std. 30 Min.
Pro Stück	ca. 325 kcal, E 14 g, F 16 g, KH 30 g

180 g	Mehl	½ TL	Backpulver
75 g	kalte Butter		Zucker zum Stürzen
210 g	Zucker	1 kg	Magerquark
2 Päckchen	Vanillezucker	600 g	Brombeeren
5	Eigelbe	4 Blatt	weiße Gelatine
	Salz	3 EL	Rum oder Apfelsaft
	Mehl zum Arbeiten	2 EL	Zitronensaft
4	Eier	400 g	Sahne
20 g	Speisestärke	1 EL	Brombeerkonfitüre

• Für den Mürbeteig 100 g Mehl, Butter, 50 g Zucker, 1 Päckchen Vanillezucker, 1 Eigelb und 1 Prise Salz zu einem glatten Teig verkneten, 30 Min. kalt stellen. Den Backofen auf 200° (Umluft 180°, Gas Stufe 4) vorheizen. Teig auf wenig Mehl ausrollen, eine Springform (Ø 26 cm) darauflegen, überstehende Teigränder abschneiden. Teigboden auf ein mit Backpapier ausgelegtes Backblech legen und im Ofen etwa 8 Min. backen. Für den Biskuit Eier trennen. 4 Eiweiße mit 1 Prise Salz steif schlagen. 20 g Zucker einrieseln lassen, weiterschlagen, bis er sich aufgelöst hat. Restliche 8 Eigelbe und 20 g Zucker in 5 Min. hellcremig schlagen. Eischnee daraufgeben. 80 g Mehl, Stärke und Backpulver auf die Eigelbmasse sieben, mit einem Schneebesen unterheben. Biskuit auf ein mit Backpapier ausgelegtes Backblech streichen. Bei gleicher Temperatur etwa 10 Min. backen. Auf ein mit Zucker bestreutes Geschirrtuch stürzen, Backpapier abziehen. Biskuit abkühlen lassen, längs in 4 cm breite Streifen schneiden.

• Für die Füllung Quark gut abtropfen lassen. Beeren abspülen, 350 g davon pürieren, durch ein Sieb streichen. Gelatine einweichen. Rum erwärmen, ausgedrückte Gelatine darin auflösen, unter das Beerenpüree rühren. Quark, restlichen Zucker, 1 Päckchen Vanillezucker und Zitronensaft glatt rühren, mit dem Fruchtpüree mischen. 200 g Sahne steif schlagen und unter die Quarkmasse heben. Mürbeteigboden auf eine Platte legen, einen Springformrand (Ø 26 cm) darumlegen. Boden mit Konfitüre bestreichen. Biskuitstreifen in mehreren Ringen mit etwa 2 cm Abstand daraufsetzen. Quarkmasse in einen Spritzbeutel mit Lochtülle füllen, in die Zwischenräume spritzen. Torte über Nacht kalt stellen. Mit restlicher steif geschlagener Sahne und Beeren verzieren.

Orientalische Mandeltorte

Yufka-Teig | raffiniert

12 Stücke
Zubereitungszeit 1 Std. 10 Min.
Pro Stück ca. 410 kcal, E 11 g, F 22 g, KH 42 g

4 EL	Sonnenblumenöl
200 g	abgezogene Mandeln
3–4 EL	Puderzucker
1 TL	Zimtpulver
1	Vanilleschote
1 l + 6 EL	Milch
	Salz
70 g	Zucker
4 EL	gemahlene Mandeln

40 g	Weizenmehl
2 EL	Orangenblütenwasser (Apotheke)
1–2 Pakete	Yufka-Teig (640 g runde Teigblätter; türkischer Supermarkt)
	Öl zum Ausbacken
	Puderzucker zum Bestreuen

• Für die Mandelmischung Öl in einer Pfanne erhitzen und die Mandeln darin unter ständigem Rühren goldbraun rösten. Abgießen, das Öl dabei auffangen. Die Mandeln auf Küchenkrepp abtropfen und abkühlen lassen. Mandeln grob hacken und mit Puderzucker und Zimt vermischen.

• Für die Mandelcreme die Vanilleschote längs aufschneiden und das Mark mit einem spitzen Messer herauskratzen. 1 l Milch, 1 Prise Salz, Zucker, Vanillemark, Vanilleschote und gemahlene Mandeln in einen Topf geben. Mehl mit Orangenblütenwasser und restlicher Milch verrühren, dazugießen und die Mischung langsam unter Rühren aufkochen. Die Milch durch ein Sieb in eine Schüssel gießen und abkühlen lassen.

• Aus den Yufka-Teigblättern zehn bis zwölf Teigkreise (Ø etwa 22 cm) ausschneiden. Je zwei Kreise aufeinanderlegen und an den Kanten zusammendrücken. Aufgefangenes Mandelöl und so viel Öl in eine Pfanne geben, dass es etwa 2 cm hoch steht. Die Ölmischung erhitzen. Nacheinander die doppelten Teigkreise darin von beiden Seiten knusprig backen. Teigkreise vorsichtig herausnehmen und auf Küchenkrepp abtropfen lassen.

• Einen doppelten Teigkreis mit 2–3 EL Mandelcreme bestreichen und mit Zimt-Mandeln bestreuen. Mit den anderen Teigblättern genauso verfahren. Die knusprigen Teigblätter übereinanderschichten, mit Puderzucker bestreuen und sofort mit restlicher Mandelcreme servieren.

Sachertorte

Biskuit | braucht Zeit

12	**Stücke**
	Zubereitungszeit 1 Std. 5 Min.
	Backzeit 1 Std. 15 Min.
	Ruhezeit 1 Std.
Pro Stück	ca. 575 kcal, E 10 g, F 27 g, KH 72 g

270 g	Zartbitterschokolade	2 TL	Vanilleextrakt
125 g	Butter	120 g	Mehl
9	Eier		Fett für den Formenrand
2	Eiweiße	evtl. 4 EL	Rum
	Salz	250 g	Sahne
450 g	Zucker	300 g	Preiselbeerkonfitüre

• Backofen auf 180° (Umluft 160°, Gas Stufe 3) vorheizen. Für den Teig 185 g Schokolade zerbröckeln und über einem heißen Wasserbad schmelzen, dabei ab und zu umrühren. Butter schmelzen. 8 Eier trennen. Alle Eiweiße mit 1 Prise Salz steif schlagen. 100 g Zucker unter ständigem Weiterschlagen einrieseln lassen. Eigelbe verschlagen. Schokolade, Butter und 1 TL Vanilleextrakt unter die Eigelbe rühren. Etwa ein Drittel des Eischnees unterheben. Masse auf den restlichen Eischnee geben. Das Mehl daraufsieben und alles vorsichtig unterheben. Den Teig in eine am Rand gefettete und mit Backpapier ausgelegte Springform (∅ 24 cm) füllen. Boden im vorgeheizten Backofen etwa 1 Std. 15 Min. backen, aus der Form lösen und auf einem Kuchengitter auskühlen lassen.

• 100 g Zucker und 100 ml Wasser 10 Min. einkochen lassen. Rum zugeben. Torte zweimal waagerecht durchschneiden. Böden mehrmals einstechen, abgekühlten Rum-Sirup darüberträufeln. Etwa 1 Std. einziehen lassen.

• Für die Glasur restliche Schokolade zerbröckeln und mit Sahne und restlichem Zucker unter Rühren erwärmen, bis Schokolade und Zucker geschmolzen sind. Bei mittlerer Hitze 5 Min. kochen lassen. Dann 1 Ei und 3 EL Schokolade verrühren. Wieder unter die restliche Schokoladenmischung rühren und so lange erhitzen, bis die Masse dickflüssig ist (nicht kochen, sonst gerinnt das Ei!). 1 TL Vanilleextrakt unterrühren und die Glasur dickcremig abkühlen lassen.

• Für die Füllung Konfitüre glatt rühren und zwei Drittel davon auf die beiden unteren Böden streichen. Alle Böden zusammensetzen. Tortenoberfläche und Rand mit der restlichen, durch ein Sieb gestrichenen Preiselbeerkonfitüre bestreichen. Die Torte mit der Glasur überziehen. Trocknen lassen.

Schokomoussetorte

zum Verschenken | Biskuit

12	Stücke			
	Zubereitungszeit 1 Std. 35 Min.			
	Backzeit 25 Min.			
	Kühlzeit 4 Std.			
Pro Stück	ca. 345 kcal, E 5 g, F 16 g, KH 44 g			

½	Vanilleschote	200 g	Zartbitterschokolade
3	Eier	200 g	Sahne
110 g	Zucker	200 g	Puderzucker
	Salz	75 g	Pistazien
50 g	Mehl	50 g	Orangenmarmelade
15 g	Speisestärke	30 g	Halbbitterkuvertüre
1 TL	gemahlener Kardamom		

• Den Backofen auf 200° (Umluft 180°, Gas Stufe 4) vorheizen. Für den Biskuit-boden die Vanilleschote längs aufschneiden und das Mark mit einem spitzen Messer herauskratzen. Vanillemark, Eier, 90 g Zucker und 1 Prise Salz mit den Quirlen des Handrührers dickcremig schlagen.

• Mehl, Stärke und Kardamom darübersieben und unterheben. Teig in eine mit Backpapier ausgelegte Springform (∅ 18 cm) füllen. Im vorgeheizten Backofen etwa 25 Min. backen. Biskuit in der Form auf einem Gitter auskühlen lassen, aus der Form lösen und zweimal waagerecht durchschneiden. Einen Biskuitboden auf eine Platte legen und mit einem Springformring umspannen.

• Für die Creme die Schokolade hacken und über einem heißen Wasserbad schmelzen. Sahne steif schlagen und zügig unter die Schokolade rühren. Die Hälfte der Creme auf den Biskuitboden streichen und mit dem zweiten Boden belegen. Die restliche Creme daraufstreichen und mit dem dritten Tortenboden abdecken. Torte für etwa 4 Std. kühl stellen. Springformrand entfernen.

• Für die Pistaziendecke aus 1 EL Wasser und dem restlichen Zucker einen Sirup kochen. Puderzucker und Pistazien im Blitzhacker zerkleinern. Den Zuckersirup zufügen und mixen, bis eine geschmeidige Masse entstanden ist. Drei Viertel dieses Pistazienmarzipans zwischen Frischhaltefolie dünn ausrollen (∅ 34 cm). Die Marmelade erhitzen, durch ein Sieb streichen und die Torte rundum damit bestreichen. Pistaziendecke auf die Torte legen. Aus der restlichen Pistazienmasse zwölf Tannen oder Herzen ausstechen. Kuvertüre über einem heißen Wasserbad schmelzen, Tannen oder Herzen damit verzieren, trocknen lassen und an den Tortenrand kleben. Tortenoberfläche mit der restlichen Kuvertüre verzieren.

Fruchtige Quarktorte

Mürbeteig | einfach

12	Stücke		
	Zubereitungszeit 45 Min.		
	Backzeit 25 Min.		
	Kühlzeit 12 Std.		
Pro Stück	ca. 415 kcal, E 7 g, F 21 g, KH 50 g		

150 g	Butter	350 g	Quark (20 % Fett)
170 g	Zucker	350 g	Sahne
180 g	Mehl	3 Päckchen	Vanillezucker
1 Msp.	Backpulver	1 Päckchen	heller Tortenguss
2 Dosen	Pfirsiche (à 490 g Abtropfgewicht)	250 ml	Maracujasaft oder -nektar
5 Blatt	weiße Gelatine	½	Bio-Orange

• Den Backofen auf 180° (Umluft 160°, Gas Stufe 3) vorheizen. Für den Boden Butter, Zucker, Mehl und Backpulver zuerst mit den Knethaken des Handrührers, dann mit den Händen zu einem glatten Teig verkneten. Teig mit den Händen gleichmäßig auf den Boden einer mit Backpapier ausgelegten Springform (Ø 26 cm) drücken. Mit einer Gabel mehrmals einstechen und im vorgeheizten Backofen etwa 20–25 Min. backen. In der Form abkühlen lassen.

• Für den Belag die Pfirsiche gut abtropfen lassen und in sehr kleine Stücke schneiden. Gelatine nach Packungsangabe in kaltem Wasser einweichen. Den Quark etwas glatt rühren. Gelatine ausdrücken und über einem heißen Wasserbad auflösen. 2–3 EL Quark in die Gelatine rühren und anschließend wieder unter den restlichen Quark rühren.

• Die Sahne mit dem Vanillezucker steif schlagen und mit dem Schneebesen unter den Quark heben. Pfirsichwürfel vorsichtig unterrühren und auf den ausgekühlten Boden in die Springform streichen. Mindestens 3 Std., besser über Nacht, kühl stellen.

• Den Tortenguss nach Packungsanweisung mit dem Maracujasaft, aber ohne Zucker, zubereiten. Den Guss auf den Belag streichen und etwa 5 Min. fest werden lassen. Orange heiß abspülen, trocken tupfen und in Scheiben schneiden. Scheiben vierteln und die Torte damit garnieren.

Tipp Da der Maracujasaft oder -nektar schon sehr süß ist, wird kein weiterer Zucker zur Zubereitung des Gusses gebraucht.

Das große Plus: *Kuchen & Torten*

Die wichtigsten Teige

Rührteig: Die meisten Kuchenklassiker, wie **Marmor-kuchen**, **Sandkuchen** und **Zitronenkuchen**, sind aus Rührteig. Prinzipiell reichen Butter, Zucker, Eier und Mehl für den Teig aus. Durch die vielen Eier geht der Kuchen schön auf, die Butter macht ihn schön saftig. Wer es lieber etwas leichter hat und auf zu viele Eier und Fett verzichten möchte, kann den Kuchen auch mit Backpulver lockern. Ein bisschen abwechslungs-reicher wird es, wenn Aromen, wie **Nüsse**, **Schoko-lade**, **Vanille** oder **Zitronenschale**, hinzukommen. Wichtig: Alle Zutaten müssen zimmerwarm sein, nur dann verbinden sie sich gut, und der Kuchen wird schön locker und luftig. Die weiche Butter dafür sehr lange und gründlich mit dem Zucker verschlagen, am besten in der Küchenmaschine oder mit dem Hand-rührer. Wenn der Zucker gelöst ist, also nichts mehr »knirscht«, kommen nach und nach die Eier hinzu. Immer weiterrühren. Doch dann ist Schluss, denn so-bald das Mehl hinzugegeben wird, darf der Kuchen nur noch wenig gerührt werden, bis das Mehl gerade eben untergearbeitet ist. Dann den Teig sofort in die Form füllen und backen. Er sollte nicht länger stehen, sonst treibt das Backpulver zu früh und der Kuchen bleibt im Ofen später flach.

Mürbeteig: Ist der ultimative Teig für **Plätzchen**, **Kuchen- und Tortenböden**. Mürbeteig ist nur dann mürbe, wenn die Butter kalt ist und schnell verarbeitet wird. Auch beim Mürbeteig gibt es eine Faustformel, den **»1-2-3-Teig«**. Hierfür werden 100 g Zucker mit 200 g Butter und 300 g Mehl, evtl. noch 1–2 EL Was-ser oder einem Eigelb sehr schnell verknetet. Das geht am besten, wenn die Butter nicht im Stück sondern als kleine Flöckchen verarbeitet wird. Dann alles in die Küchenmaschine geben oder mit dem Handrührer nur so lange rühren, bis sich Streusel gebildet haben. Diese ganz kurz mit den Händen zusammenkneten, bis der Teig eben gerade ein Teig und kein Krümelhau-fen mehr ist. Nun muss der Teig im Kühlschrank ruhen, damit er sich entspannt. Mürbeteig lässt sich super vorbereiten und auch ein paar Tage im Kühlschrank aufheben oder einfrieren. Damit größere Stücke beim

Backen keine Blasen werfen, wird der Teig mit einer Gabel mehrmals eingestochen, dann kann die Luft un-ter dem Teig entweichen.

Brandteig: Wasser oder Milch werden mit Butter zu-sammen in einem großen Topf aufgekocht, dann wird das Mehl in einer Portion zugegeben. Jetzt heißt es rühren: Mit einem Kochlöffel immer am Topfboden entlangrühren, bis eine feste Teigkugel entstanden ist. Dann kommen die Eier dazu. Wichtig: Jedes einzelne Ei muss erst vollständig untergerührt sein, bevor das nächste zugegeben werden darf. Der Teig sollte zäh und glänzend sein, er lässt sich nur mit dem Spritz-beutel oder mit zwei Löffeln aufs Backblech bringen. Dann sofort ab in den Ofen! Da das Mehl schon beim Kochen seinen Kleber ausgebildet hat, ist der Teig so zäh und hält gut zusammen, wenn Ei und Wasser in der Ofenhitze verdampfen und große Luftblasen im Teig erzeugen. Brandteig geht sehr stark auf, und da-mit dieser Prozess nicht gestört wird, darf der Ofen erst kurz vor Ende der Backzeit geöffnet werden. Zum Abkühlen das Gebäck dann auf Gitterroste setzen und eventuell schon aufschneiden, dann verdampft die Hitze besser, und das Gebäck wird nicht zu feucht.

Biskuit: Ist luftig-leicht und zart. Das Prinzip hier ist auch ganz einfach: Eier trennen. Eiweiße fast steif schlagen, dann den sehr feinen Zucker einrieseln las-sen und alles mit dem Handrührer oder in der Küchen-maschine zu glänzendem Schnee schlagen. Dann entweder die Eigelbe separat aufschlagen und den Ei-schnee dann unterziehen, oder die Eigelbe unter die Eiweißmasse schlagen. Nun am besten das Mehl auf die Eiweißmasse sieben und vorsichtig mit einem Schneebesen unterziehen. Den Schneebesen, nicht den Handrührer, dazu drehen und von oben nach un-ten durch die Masse ziehen. Dabei möglichst wenig rühren, damit die Masse luftig bleibt. Den fertigen Teig nun auf ein mit Backpapier ausgelegtes Blech oder in eine Springform streichen und möglichst glatt ziehen. Den Rand der Form nicht fetten oder auslegen, da der Teig am Rand festkleben soll, um in der Form hochzu-klettern und dabei Halt zu haben. Dann alles sofort ab in den vorgeheizten Ofen. Biskuitplatten für Biskuit-rollen nach dem Backen gleich stürzen und das Backpapier abziehen, dann kann der Teig besser auskühlen. Den Biskuit auf ein mit Zucker bestreutes frisches Geschirrtuch stürzen, dann verklebt die Teigoberfläche nicht.

Hefeteig: Eigentlich ist es ganz einfach, einen lockeren, saftigen Hefeteig zu machen. Grundregel eins: Alle Zutaten sollten Zimmertemperatur haben, dann ist die Hefe schön aktiv und fällt nicht in den Kälteschlaf. Grundregel zwei: Nicht hetzen lassen! Die Hefe braucht Zeit, Feuchtigkeit und Wärme, um aktiv zu werden und damit Volumen und Geschmack in den Teig zu bringen. Auch die Raumtemperatur spielt eine Rolle: Ganz Eilige stellen den Teig in den leicht warmen Backofen, Leute mit viel Zeit können den Teig auch im Kühlschrank gehen lassen. Die Herstellung von Hefeteig ist einfach: Frische Hefe zerbröckeln, in Flüssigkeit, wie Wasser oder Milch, einrühren, bis die Hefe aufgelöst ist. Als »Proviant« etwas Zucker oder Mehl dazu, und den Teig dann ruhig stehen lassen. Wenn die Hefe noch frisch und gut ist, fängt die Masse nach wenigen Minuten an zu schäumen. Trockenhefe aus der Tüte ist eine gute Alternative zur frischen Hefe, die schnell verdirbt. Bitte auch bei der Trockenhefe auf das Verfallsdatum achten. Ist es abgelaufen, geht der Teig nicht auf.

Dann die Hefemischung mit den anderen Zutaten zu einem glatten Teig verkneten und diesen Teig dann kräftig mit den Händen durchkneten und »schlagen«, also mit Schwung auf die Arbeitsfläche werfen. Beim Kneten bildet sich der Kleber aus dem Mehl aus, der später im Backofen die Luftbläschen gefangen hält, das macht den Teig schön feinporig und locker. Je mehr geknetet wird, desto besser der Teig. Jetzt muss der Teig noch einmal ruhen, das dauert zwischen gut 30 Minuten bis zu 12 Stunden. Je mehr Hefe im Teig, desto schneller und stärker geht der Teig auf. Mit wenig Hefe und viel Zeit werden die Bläschen im Teig besonders groß, z. B. im Ciabatta-Brot, das ingesamt 24 Stunden geht. Dann den Teig formen und noch einmal ruhen lassen oder gleich ab in den Backofen. Wer es ganz eilig hat, formt den Teig schon nach dem ersten Kneten und backt ihn nach nur einem Ruhenlassen.

Die Deko macht's

Erst mit der richtigen Deko wird aus einer Torte ein Prachtstück. Super für alle sahnigen Torten und am einfachsten gemacht ist eine **Sahnehülle**. Etwa 500 g Sahne mit Zucker und Sahnefestiger nach Packungsangabe steif schlagen und mit der Teigkarte (für die Ränder) und einer Palette (für die Oberfläche) auf der Torte verteilen.

Am besten die ganze Torte erst einmal dünn einstreichen, das bindet Krümel. Dann noch einmal »dick auftragen« und mit der gezackten Teigkarte Wellenmuster in die Oberfläche machen. Für Schokoborke oder Mandelsplitter am Rand eine großzügige Menge davon in eine Schüssel geben, die Torte leicht schräg halten und mit der Deko vorsichtig (!) bewerfen. Alles, was nicht haften bleibt, fällt wieder in die Schüssel. Den Rest vorsichtig mit der Teigkarte andrücken. Die Torte dann ein bisschen drehen und wieder bewerfen, bis der Rand rundherum bedeckt ist.

Wer nicht so viel Sahne mag, nimmt lieber eine **Marzipandecke**. Vorteil: Sie hält die Torte lange frisch. Am schnellsten geht es mit einer fertig ausgerollten Marzipandecke. Einfach auf die Torte legen, die Ränder vorsichtig andrücken, fertig. Das Marzipan haftet besser, wenn die Torte vorher dünn mit warmer Aprikosenkonfitüre bestrichen worden ist.

Wer es ganz glatt mag: Am Rand ein paar Keile aus dem Marzipan schneiden und die Ränder vorsichtig wieder zusammensetzen. Wer die Hülle selber macht, kann das Marzipan mit Speisefarben einfärben. Für eine Torte 400 g Marzipan mit 200 g Puderzucker verkneten, evtl. Speisefarbe zugeben. Auf Puderzucker oder auf Backpapier dünn und in der Größe der Torte plus Randhöhe ausrollen. Die Marzipandecke dann mit Hilfe des Backpapiers oder eines »Tortenretters« auf die Torte setzen. Festdrücken, verzieren, fertig.

Schokoglasur: Kein Schokokuchen ohne Schokoüberzug! Am einfachsten geht es mit fertiger Schoko-Fettglasur. Die Packung im heißen Wasserbad erwärmen, alles auf den Kuchen geben, verteilen und fertig.

Nachteil: so richtig toll schmeckt es nicht, da die Glasur viel Fett enthält, damit sie so einfach und schön schmilzt. Besser schmeckt es mit Kuvertüre, sie ist jedoch nicht ganz so einfach zu verarbeiten, da sie erst einmal temperiert werden muss. Das geht so: Die Kuvertüre wird einmal auf etwa 40° erwärmt, dann auf etwa 30° abgekühlt und dann noch einmal auf ca. 32° wieder erwärmt. Dadurch verbinden sich alle Inhaltsstoffe und die Kuvertüre glänzt. Am besten die Kuvertüre über einem heißen Wasserbad schmelzen und dabei ein Thermometer benutzen. Wer mehr Übung hat, kann die Temperatur an der Oberlippe erfühlen. Dann die geschmolzene Kuvertüre entweder kurz in das Gefrierfach stellen und dabei regelmäßig durchrühren, oder etwas sehr fein gehackte Kuvertüre in die flüssige Masse hineinrühren, um die Temperatur zu senken. Wenn die Kuvertüre leicht dick wird, ist sie genug abgekühlt, Noch einmal kurz erwärmen, dann kann sie auf Kuchen oder Gebäck gestrichen werden. Dabei auf Folgendes achten, sonst wird der Überzug grau statt glänzend:

● kein Wasser in die Kuvertüre kommen lassen, auch keine wasserhaltigen Zutaten, wie z. B. Butter oder Likör.
● Nicht über 45° erhitzen, sonst trennen sich Kakaomasse und Kakaobutter.
● Keine Krümel, Mehl oder andere Stoffe in die Kuvertüre kommen lassen, daher den Untergrund am besten aprikotieren.
● Kuvertüre nur einmal schmelzen, Reste nicht wieder einschmelzen oder mit neuer Schokolade mischen, sondern dünn ausstreichen, fest werden lassen und dann in Stückchen brechen und pur essen oder zum Backen benutzen.

Superschön und superschnell ist die Deko mit fertigen **Schoko-Ornamenten** oder fertigen **Zuckerfiguren**. Einfach aus der Packung lösen, auf die Sahne oder Marzipanoberfläche legen und leicht andrücken. Wer die Torte mit Fondant eingehüllt hat, muss die Ornamente mit Wasser ankleben. Oder Schoko-Ornamente selbst machen: Kuvertüre wie beschrieben temperieren, in eine kleine Spritztüte geben (selbst gedreht aus Backpapier) und auf Backpapier nach Lust und

Laune kleine F spritzen. Nicht zu viel Schoko auf einmal in die Tüte geben, sonst wird sie zu schnell fest. Nachdem die Schokolade getrocknet ist, vorsichtig vom Backpapier abnehmen und in einer Blechdose kühl aufbewahren.

Die Krönung – eine Hochzeitstorte

Für etwa 60 Portionen (Fotos S. 139) braucht man:
Rührteige: 1,1 kg Butter, 1,1 kg Zucker, 22 Eier, 3 Bio-Zitronen, 1,1 kg Mehl, 5–6 TL Backpulver;
Buttercreme: 750 g weiche Butter, 750 g Puderzucker, 3 Bio-Zitronen;
Überzug: 3 kg Rollfondant (s. Tipp), rote Speisefarbe;
Verzierung: 1 kg Rollfondant, 1 Eiweiß, etwa 200 g Puderzucker, grüne Speisefarbe, evtl. Speisefarben-Kristallpulver »silber« (s. Tipp S. 138)

● Den Backofen auf 180° (Umluft 160°, Gas Stufe 3) vorheizen. Für die Rührteige 400 g weiche Butter und 400 g Zucker mit den Quirlen des Handrührers cremig schlagen. 8 Eier unterrühren. 1 Zitrone heiß abspülen, trocken tupfen und die Schale fein abreiben. Zitronenschale unterrühren. 400 g Mehl und 2 TL Backpulver mischen, zum Teig sieben und unterrühren. Teig in eine am Boden mit Backpapier ausgelegte Springform (∅ 26 cm) geben und im Ofen etwa 50 Min. backen. Eventuell nach der Hälfte der Backzeit mit Butterbrotpapier abdecken. Den gleichen Teig noch einmal zubereiten und in einer Springform (∅ 26 cm) noch einmal backen.

● Restliche Rührteigzutaten wie beschrieben nochmals zu einem Teig verarbeiten. Eine kleine Springform (∅ 18 cm) am Boden mit Backpapier auslegen. Den Formrand fetten, einen breiten Streifen Backpapier darankleben, sodass das Papier etwa 4 cm über den Rand hinausragt. Teig einfüllen und etwa 40 Min. backen. Alle Kuchen abkühlen lassen, aus den Formen lösen und oben gerade schneiden.

● Für die Buttercreme Butter und Puderzucker in der Küchenmaschine hell und cremig rühren. Zitronen heiß abspülen, trocken tupfen und die Schale fein abreiben. Zitronenschale zur Creme geben. Eventuell lieber die Zutaten halbieren und in zwei Portionen arbeiten.

● Alle Teigböden einmal waagerecht durchschneiden (Step 1) und die unteren Böden mit 4–6 EL Buttercreme bestreichen. Obere Böden wieder auflegen. Die Oberseite eines großen Kuchens mit Buttercreme bestreichen und den zweiten großen Kuchen darauflegen. Großen und kleinen Kuchen rundherum mit der restlichen Buttercreme bestreichen (Step 2) und dann kalt stellen.

● Für den Überzug den Fondant in Portionen mit den Händen kräftig kneten, bis er weich und geschmeidig ist. Mit wenig roter Speisefarbe hellrosa einfärben. Die rosa gefärbten Fondant-Portionen mischen und erneut kräftig miteinander verkneten, so erhält man eine einheitliche Farbe der gesamten Masse. Gut zwei Drittel des Fondants etwa ½ cm dick zu einem großen Kreis (Ø 50–60 cm) ausrollen. Restlichen Fondant in Frischhaltefolie wickeln.

● Fondant-Platte über die große Torte legen (Step 3) und rundherum leicht andrücken, dabei etwas ziehen, sodass der Fondant an den Seiten keine Falten wirft (Step 4). Mit einem Tortenglätter glätten und andrücken. Überstehende Ränder abschneiden (Step 5). Torte auf die Servierplatte legen. Restlichen Fondant wie beschrieben etwa ½ cm dick zu einem Kreis (Ø 40 cm) ausrollen. Den kleinen Kuchen wie beschrieben damit einhüllen. Kleine Torte auf die große Torte setzen (Step 6).

● Für die Verzierung Eiweiß leicht verschlagen und den Puderzucker dazugeben. Guss in einen Spritzbeutel mit kleiner Lochtülle geben. Den Fondant wie für die Hüllen oben beschrieben kneten. 400 g davon hellrosa, 400 g dunkelrosa und den Rest hellgrün mit Speisefarbe einfärben. Etwas hellrosa Fondant zu einem etwa 90 cm langen und 2 cm breiten Streifen ausrollen und mit einem Messer gerade schneiden.

Streifen wie eine Schnecke aufrollen. Mit dem Eiweißguss am unteren Rand der großen Torte rundherum kleine Tupfen spritzen. Den aufgerollten Fondantstreifen daransetzen und um die Torte herum abwickeln, sodass er wie ein Band darumliegt und an den Tupfen kleben bleibt. Aus der gleichen Farbe einen 2 cm breiten und 18 cm langen Streifen ausrollen und zurechtschneiden. Die beiden Enden des Streifens locker zur Mitte hin falten. Nochmals einen etwa 4 cm langen und 2 cm breiten Streifen ausrollen, und wie ein Schleifenband in die Mitte über den zusammengelegten Streifen legen (Step 7). Die Schleife ebenfalls mit etwas Zuckerguss am Tortenband festkleben.

● Restlichen hellen und den dunkelrosa Fondant zu 10–12 cm langen und etwa 5 cm breiten Streifen ausrollen. Streifen der Länge nach zur Hälfte überklappen und von einer Seite mit der übergeklappten Seite nach oben locker zu einer Rose aufrollen (Step 8). Dabei nach außen hin lockerer wickeln. Mit einem Messer von unten gerade abschneiden. Mit einem Pinsel etwas Kristallpulver über die Rosen stäuben und trocknen lassen. Grünen Fondant ausrollen und mit einer Tropfenausstechform (2–3 cm groß) Blätter ausstechen. Mit einem Messerrücken die Blattrippen in die Blätter drücken. Blätter ebenfalls mit Kristallpulver bestäuben (Step 8). Etwas Alufolie wellig zerdrücken und die Blätter zum Trocknen auf diese Wellen legen. Rosen und Blätter mit etwas Guss auf die Torte kleben.

Tipps

Rosen und Blätter einige Tage vorher formen und dann trocknen lassen. Vollständig getrocknet in einer gut schließenden Dose aufheben.

Rollfondant und Speisefarben-Kristallpulver gibt's im Internet zu bestellen.

Einfacher ist es, die Hochzeitstorte mit Marzipan einzukleiden und mit fertigen Zuckerornamenten zu verzieren.

Zum Gebrauch

Damit Sie Rezepte mit bestimmten Zutaten noch schneller finden können, stehen in diesem Register zusätzlich auch beliebte Zutaten wie **Erdbeeren** oder **Quark** – ebenfalls alphabetisch geordnet und **hervorgehoben** – über den entsprechenden Rezepten.

Die BRIGITTE-Kochbuch-Edition

ISBN 978-3-8338-1505-8

ISBN 978-3-8338-1506-5

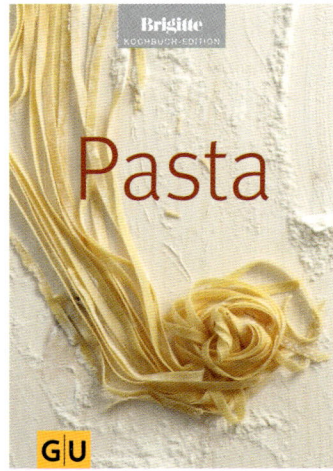

ISBN 978-3-8338-1507-2

ISBN 978-3-8338-1511-9

ISBN 978-3-8338-1512-6

ISBN 978-3-8338-1513-3

NIE WIEDER ZETTELWIRTSCHAFT! Die beliebtesten Rezepte aus der BRIGITTE werden hier vom Kochbuch-Spezialisten GU endlich in einer Edition präsentiert. Rezepte für jeden Anlass, für jede Saison – natürlich mit allen Klassikern und mit vielen Neuheiten. Freuen Sie sich darauf und sammeln Sie mit!

Mehr Kochen war noch nie

ISBN 978-3-8338-1508-9

ISBN 978-3-8338-1510-2

ISBN 978-3-8338-1509-6

ISBN 978-3-8338-1514-0

ISBN 978-3-8338-1515-7

ISBN 978-3-8338-1516-4

KOMPETENT: zwei starke Marken – BRIGITTE und GU – garantieren höchste Qualität und Gelingsicherheit. **WERTVOLL:** schöne Ausstattung mit Lesebändchen. **UNVERWECHSELBAR:** herausragende Gestaltung, auffällig schöne Fotografie. **EMOTIONAL:** das Gute-Laune-Gefühl der BRIGITTE in Buchform.

IMPRESSUM

© 2008
GRÄFE UND UNZER VERLAG GmbH, München
Gruner + Jahr AG & Co KG, Hamburg

Liebe Leserin, lieber Leser,

wir freuen uns, dass Sie sich für ein Buch der Brigitte-Kochbuch-Edition entschieden haben. Mit Ihrem Kauf setzen Sie auf Qualität und Kompetenz zweier starker Marken: Brigitte und GU. Dafür bedanken wir uns bei Ihnen.

Um in Zukunft noch besser auf Ihre Wünsche eingehen zu können, ist uns Ihre Meinung wichtig. Bitte senden Sie uns Ihre Anregungen, Ihre Kritik, Ihr Lob und auch Ihre Fragen zu unseren Büchern. Wir freuen uns auf Ihre Nachricht!

GRÄFE UND UNZER VERLAG
Leserservice
Postfach 86 03 13
81630 München

Montag – Donnerstag: 8.00 – 18.00 Uhr
Freitag: 8.00 – 16.00 Uhr
Tel: 0180-5 00 50 54*
Fax: 0180-5 01 20 54*
E-Mail: leserservice@graefe-und-unzer.de

*(0,14 €/Min. aus dem dt. Festnetz/
Mobilfunkpreise können abweichen.)

BRIGITTE
Leserservice
Tel: 040-370 30
Fax: 040-37 03 56 34
E-mail: infoline@brigitte.de

Chefredakteur BRIGITTE Andreas Lebert
Programmleitung GU Doris Birk
Projektleitung und Rezeptauswahl Burgunde Uhlig (BRIGITTE), Birgit Rademacker (GU)
Texte Katja Jührend (BRIGITTE)
Rezeptbearbeitung Frauke Prien (BRIGITTE)
Lektorat Cora Wetzstein
Korrektorat Mischa Gallé
Layout, Typografie und Umschlaggestaltung independent Medien-Design, München
Satz Uhl + Massopust, Aalen
Herstellung Petra Roth
Reproduktion Longo AG, Bozen
Druck und Bindung Mohn media Mohndruck GmbH, Gütersloh

ISBN 978-3-8338-1516-4

1. Auflage 2008

Rezepte, Produktion und Foodstyling
BRIGITTE-KOCHRESSORT

Bildnachweis
Fotografie Thomas Neckermann
Seite 28, 52, 90, 111 Ulrike Holsten
Seite 8, 16 Janne Peters
Seite 78, 88, 114 Klaus Willenbrock
Seite 38, 72, 98 Götz Wrage

Titel
Foto Ulrike Holsten
Assistenz Verena Kallweit
Styling Dietlind Wolf
Foodstyling Nicole Müller-Reymann

Ein Unternehmen der
GANSKE VERLAGSGRUPPE